健康锻养精髓

王成喜　著

人民体育出版社

前 言

人生在世，都想吃得好，穿得美，生活幸福，健康长寿，多享受几年。可怎么才能实现这种美好愿望呢？

人的最高寿命到底能有多长？生命研究专家认为，生物的最高寿命应是它生长发育期的5～7倍。人的生长发育期为25年，所以人应该活到125～175岁之间。那为什么有的人已到90岁高龄，尚鹤发童颜很健壮，有的不到60岁就变得老态龙钟，步履蹒跚，甚至就结束了生命？这是个值得探究的复杂问题。

关于人的寿命长短问题，世界卫生组织已明确指出，有60%取决于养生保健，15%取决于遗传基因，10%取决于社会因素，8%取决于社会制度和医疗条件，有7%左右取决于自然环境和气候影响。日本学者中川一郎说，人的寿命长短好似个等腰三角形面积。面积越大，寿命越长；面积越小，寿命越短。他把等腰三角形底边长比喻为遗传基因，两腰边长比为合理饮食，积极锻炼和养生保健以及科学生活方式等等。如此说来，一个人虽然先天不足，没有遗传基因方面的优势，但要是能重视养生保健，生活有规律，摄入合理饮食营养，积极锻炼和防治疾病，也能健康长寿。

健康长寿是个复杂系统工程，需做的事既太多，又繁琐。健康长寿说起来容易，做到难，难就难在要做到持之以恒，不嫌麻烦，终身努力。

人的精力是有限的，健康长寿需做的事，不能面面俱到，也不必完全做到，只要能选择精华部分满足需要，认真去做，就能实现健康长寿不是梦。

俗话说得好，“光阴似箭催人老”，不知不觉人的一生几十年就过去了。我国已进入老龄化社会，到 2020 年约有 3 亿多老年人，关于健康问题，已引起社会高度关注。人们越来越意识到个人努力，可以推迟衰老而登高寿，加强锻炼已成大势所趋。

中年轻时期，我身体瘦弱，患过乙肝、鼻炎、萎缩性胃炎、关节炎、神经衰弱失眠、颈椎病、内外混合痔、气管炎等慢性病，在锻炼祛病方面，下过多年功夫，仍然没有多大改善，但我并未气馁，总想找到一个以创新为目标的，既方便、效果好，又舒适的练法来。

功夫不负有心人，经过三十多年努力锻炼，终于感悟、摸索出一套练法（阴阳五行功与气功站桩），效果突出，治愈了多种慢性病，其中慢性肝炎、慢性鼻炎、神经衰弱、颈椎病、萎缩性胃炎，尤其是慢性肝炎那种顽症，未经过任何治疗和服药，也痊愈了，甚至扼住了恶性肿瘤的生长，我太欣慰了。

回忆起几十年的锻炼过程，认真努力地探索，取得了显著效果，感慨万千。如今我已是80岁的老人了，身体仍然健壮，关节柔韧灵活，无任何行动障碍；面色红润，头脑清醒，精力旺盛，各方面同30年以前相比，似乎没差多少，若是从精神、气质、神态方面讲，反而比中年强了，这是我当初所想象不到的收获。

为增强体质，提高生活质量，为社会做点奉献，我将多年的练功经验体会及受益情况，实事求是地编写成这本书，取名为《健康锻养精髓》。

阴阳五行功，腹部深呼吸是其重点，它是在传统养生法基础上发展起来的一种有氧运动。其特点是，强调以意运气，用缓慢深呼吸，使身体自然动起来，从而就形成了以入静、意念、呼吸几个方面相结合，以放松为纽带，顺其自然，达到练意、练气、练身，内外双修，既汲取了古代气功精华，又符合现代有氧运动的功夫。

在练法方面，做到始而意动，继而气动，再之外动；刚柔相济，快慢有节，蓄发互变，疏通经络，怎么样活动都行，这是它的一个特点。其二，练功方便。站、坐、卧、行走，甚至连行动有困难的老年人，瘫痪在床上的病人也可以练入静、意守、深呼吸。只要练好其中一项，也能终身受益。

我写作的目的，是将锻炼经验介绍出来，留给后人，为社会做点奉献。若能得到广大群众的认可和鼓励，这就是我一生中的快乐和欣慰。但由于写作知识水平所限，书中内容难免有误和不妥之处，还有待高贤志士修改补充，更希望读者多提意见，以臻完善。

王 成 喜

2015 年 11 月 15 日

目 录

第一章　学好基础功

俗话说得好，基础不牢，地动山摇。这如建筑高楼一样，第一步就得认真搞好筑基工程。如果没有牢固基础，虽然注重往上加砖叠瓦，也盖不起高楼大厦的。练功也同样，若是没有深厚功底，尤其是阴阳五行功，即使再练，也成不了真功夫。那么怎么练好阴阳五行功，它包括哪些基础功，怎么练基础功，练功期间须注意哪些问题，详见如下所述。

一、入　静

入静是使思想活动单一化，好像脑中一片空白不想别的事。表现为心情稳定、宁静，神不外驰，无杂念，无忧无虑，对外界的干扰刺激反应减弱，似睡非睡，异常舒适的一种状态。入静进入高级阶段，半个小时，纹丝不动，身如缕缕青烟，在空中飘浮荡漾，令人陶醉不已。

（一）入静作用

入静是恢复精力的有效举措之一，尤其是在养生方面有积极作用。它可以使精神疲惫很快得到改善，情绪稳定充实起来，意守也能相对稳定，脑电波有节律，进一步修整脑细胞。高度入静之后，大脑还能分泌出一种“快乐物质”——脑啡肽，使人产生愉悦感，头脑也自然觉得清灵，所以入静不仅是一种较好的休息法，而且能消除大脑疲劳，更重要的是可以增强人体生理功能，从而大大提高脑细胞活力，对诱导睡眠有较大促进作用。

道家功在性功修炼方面，以练功者能否入静作为入门标准。认为练功最重要就是静心，心尚未静下来就与杂念无异。

入静之后，可使心情平和，进入一种非常安宁的状态，气随意转，智慧才能得到开发利用。道家认为，入静修炼的高层次，不是气，也不是光，而是入静。入静是修心基础中的基础，心静到了一定程度，觉性就会显现出来。

从入静对练功的作用方面讲，入静练得好，可收住妄动心，减少杂念，脑中一片空白，什么都不想，因此说，入静是练功的基础之一。能入静一时，就能长一时功夫。入静越深，练功效果越显著，如果不能入静，即使再练，也出不了真正功夫。若是将入静练好了，心不散乱，即使在锣鼓喧天，外界环境十分嘈杂的情况下，“视而弗见，听而弗闻”，照常练功。

在入静状态下练功，气血和顺流畅，能激发、调动人体潜能，诱发、聚结元气，修复体内阴阳平衡，调节生理机能，神经调节功能也能得到加强，获得灵感，开通人体百脉，全身毛孔自然开合，多吸进大自然营养，从而将整个机体，推向一个新的动态平衡阶段，那才能使身体处于一种最佳入静状态，也是练功良好举措之一。

（二）入静练法

入静是练功的第一关，要想闯过这一关，须从意守丹田开始，若能将意念守在丹田不动，别不再思，入静就好办多了。

究竟怎么入静，《童蒙止观》里介绍过入静的一段练习过程：“先调身，使身体安稳。次调息，不涩不滑，使呼吸细缓。再调心，不沉不浮，安心定性。”

入静同意守有密切关联，入静练得越好，越能意守。因为入静是基础，意守，能将活跃之心，稳定在意守部位不动，心不散乱宁静下来，那么你就会入静了。入静往往与个人修养、性格有关系，练法有多种。

第一种，回忆法。即，仰卧床上，闭目合口，面带微笑，两腿弯曲，全身放松，回忆过去使自己高兴的那些人或事，或者意想自己置身于舒畅、幽静美丽的大自然环境中，如回忆蓝天白云，山清水秀，辽阔海洋，鲜花异草等大自然美好景象，往往就能自然入静了；想象自己躺在平静的湖面小船上，观赏闪烁着点点的光辉，随着轻拂的微风，向左右飘浮荡漾也能入静。

第二种，数息法。所谓数息，就是将注意力集中到数自己的呼吸次数方面。一呼一吸为一次（只数吸气或呼气），从 1 开始数，数到 10，再从 10 数回来，反反复复，专注数几个来回，一般也能入静了。不过在数息之前，须将呼吸“调柔致细，引短令长”，无声息，从而达到呼吸吐纳绵绵、匀细那种程度，否则不得其益，反招受心烦意乱之苦。

不能入静时须找出原因。当诸事纷纭，杂念丛生，实在不能入静时，可能是由于某些原因所致。如，练法有误，姿势不够正确，过分执着，心情紧张，思想没放松，或者有些急躁，一心想要入静，反而弄巧成拙，不能入静了；没调好呼吸，思想有杂念，往往容易导致气机逆乱不顺；多次改变练法，产生不同气机相干扰等。找出自己属于哪种状态，纠正过来以后，有耐心，继续练下去便可入静了。

二、意　念

何谓意念？意念可称为思想念头，是从内心深处发出来的想法，带有信心性。意念也可以说是人的思维活动，精神作用。意念爱动，如野马那么活跃。意念活动锻炼之目的，在于凝神定志诱导入静。所以说意念活动的过程，也就是万念归一练好功的过程。

意念活动应该轻松舒适，心旷神怡，悠然自得，与思想密不可分，所以有人就把意念说成是思想，或把思想说成是意念。

思想爱想，一会儿想这事，一会儿想那事；意念爱动，如同猿猴一般活跃不息；都影响精力集中，这是在练功中应该尽量避免的问题。

意念在练功中起龙头作用，即用意念暗示怎么样进行活动，自前式到后式，是转体，伸臂，或者是迈步抬腿落足，四肢起伏，或动或静，没有一式不受意念支配改变动作，否则，就可能是在比比划划，没有主心骨，胡练一气。说的再具体一点，若不把意念控制好，稳定住，信马由缰地做运动，动作岂能做到自前式到后式，节节贯串，变化多端，中间没有呆滞现象呢？

怎么练意念？将意念控制住，为练功服好务。以笔者的经验，将意念守在身体某部位不动，尤其是“意守丹田”效果最明显。它可以使意念活跃不起来，丹田成为一个牢固的“拴马桩”，避免练功走许多弯路。

丹田有上、中、下之分。在这儿说的丹田，以及本书以后凡是提到的丹田，指的都是下丹田而言。下丹田在肚脐下约 1 寸 5 分的一块圆形地方。它在人体中部，气机最活跃，是身体活动力的发源地。

古人认为，意守丹田是培育、调动、激发人体内气产生、蓄存并循经络运行周身的中心地；丹田是“性之祖”“生命之源”“呼吸之门”等等，所以历代练功家对意守丹田都非常重视。

从阴阳学说和中医学角度讲，丹田属土，后通两肾。心属火藏神，将心神引导到丹田，可与两肾相通，即所谓心肾相交，水火既济之。故长期意守丹田，肾气充沛、心气足。心气足，可以自然与肾相交以定其志，调动脏气升降使其得到增强。

脏气的升降，包括肾、肝、胆、脾、胃之气升降，其中又以心肾之气的升降为主。肝、脾之气宜升，胆、胃之气宜降。肝、脾之气上升也好，胆、胃之气下降也罢，那都是由于呼吸作用促成的。这意味着内气在体内左右回旋（螺旋运动），脾主上清，胃主下浊，在上之气不可一刻不上，在下之气不可一刻不降，否则，便容易导致胸部膨闷胀饱、消化不良等恶果。

那怎么意守？意守是在练好入静的基础上练习的。

但最好是在夜深人静时仰卧在床上，静下心来，闭目合口，以鼻缓慢呼吸，将思想集中在意守部位（丹田、尾闾、命门、涌泉等也可以）不动，慢慢向里吸气，呼气时意想气从意守部位慢慢向外呼。

意守丹田吸气时，要求一边吸气一边慢慢鼓小腹，呼气时一边呼气一边慢慢将小腹向里收。吸气时丹田有一种异常感觉，呼气时也同样有异常感觉。练的时间越长，感觉就越明显，长期练下去，丹田有时会产生一种微热或胀、痒感，或类似有气在活动那种特殊感觉，不过也因人而异，不动也无碍大局，仍可达到“恬静虚无”、悠然自得那种状态。

意守初期人们总觉得那种感觉似有似无，模糊不清，那是由于思想有杂念干扰，安静不下来不能集中所致。所以意守时要安下心来，有耐心，不急躁。如果杂念丛生，实在安静不下来成问题的话，就用腹部加深延长呼吸几次，情况往往就能得到改善。在一般情况下，意守强度要弱一些，随着练功的逐步深入，那种异常感觉，会逐渐明显起来的。

关于意守的正确练法，古人给我们提供了宝贵经验：意守要轻，轻，是指要有意，又无意，似守非守，勿忘勿助，连绵不断，用意不用力。既不可用心守，也不可无意求，用心守则着相，无意求则完空，要有意，又无意，“有意无意”称功夫，否则，就导致死守，死守的话，气也就没有活力了。

经过一段时间意守丹田练习，便可将意念控制住，内气随意念引导在体内活动起来，坚持练下去，就能自然而然地体会到内气，沿任督二脉上下前后循环明显起来，进一步练习，内气可在丹田部位聚集成一个特殊“能量团”。这个能量团可在呼吸的促使下，促进运动，起到神奇作用。所以说，若能将意守丹田练好了，平时只要一用意念引导，就能将“丹田气”充实起来，意念一活动，便有气感，这对练好阴阳五行功、气功站桩至关重要。

三、放　松

何谓放松？放松是对身体紧张状态的一种有效消除措施，也是对自己习惯姿势不易改变的一种有效做法。就以人走路的姿势来讲，人与人之间或多或少都有差异，要求他改变原来的形态很不容易。

放松不是松垮和疲塌、像一摊泥。放松是松与紧趋于平衡的感觉体会或反应。放松不是孤立产生存在的，是由紧张过后形成的。如，人要活动，就得有一部分关节肌肉在缩紧，另一部分在放松，所以说放松与收缩有直接关系。若没有紧，也不可能有放松产生，返回来讲，人若是不会放松，也不可能很好地活动，即使再认真活动也不会取得实效。

（一）放松的作用

在运动中，从一个动作转换到另一个动作，又能顺其自然地返回来，那全是放松的作用。能利用这种巧妙作用，会让你得到意想不到的好处和舒适。

放松，从外表上言，包括肌肉放松，筋骨放松；从内部讲，它既包括思想、精神、神经放松，也包括呼吸放松等方面。由此可知，能否放松，是练功中的一个至关重要的问题。从打拳方面讲，动作能分清虚实，有柔有刚，刚柔相济，变化多样，和谐连贯，轻灵圆活自如，落落大方，不使拙力用巧劲，从一个动作转变到另一个动作，中间没有呆板现象；一动一静，一分一合，时快时慢，不过不及，只有会放松，才能做出优美的姿势动作来。从放松与呼吸的关系方面讲，只有腹部放松，呼吸才能做到缓慢、细、匀、深、长，以避免有气竭现象产生。从放松与内气运行的关系方面讲，只有会放松，才能使内气在经脉中运行畅通无阻滞。

人，若会放松，就等于会休息，可使本身能量消耗减少，代谢率降低，蓄能增强，气血和顺，消除疲劳，精力旺盛起来，提高工作效率，有助于机体功能修复。这正如美国心理学博士托马斯·图特科介绍的那样，放松会使人产生一种梦幻般陶醉或飘浮感的特殊享受，有时好像服了麻醉药一样，导致精神、身体有一种特别舒服感。无论什么人，每天都应该抽出一定时间放松自己，以恢复元气生机，它同8小时睡眠后的效果大致相同。

由于受到自己根深蒂固习惯姿势的影响，学会放松是较难做到的事。但无论如何困难，也得学会放松。因为从健康长寿方面讲，用放松抗衰老十分重要，只要能经常练习，与活动结合起来，使关节处于长期放松状态，抗老化的效果就能得到增强，即使到了老年也能像年轻人一样四肢敏捷灵活，体态舒展。

总而言之，不会放松，就等于不会练功，也不可能练好功。

（二）放松练法

放松有多种练法，常有以下几种练法供参考。

简单放松练法

简单放松练法，可以明显体会到放松时那种非常舒适感。比如在从事体力劳动很疲惫时，回家仰卧在床上，身子一接触床面或者再翻个身的瞬间那种舒适感，就是放松的滋味，因此说放松是一种很好的休息法。

具体做法是，先松衣解带，仰卧于床上，双脚分开，闭上眼睛，尽量使自己心情安静下来，将一条腿关节肌肉收紧，用力抬高，脚距床面20~30厘米，保持紧张用力坚持5秒钟，直到腿部发抖哆嗦起来，并暗示自己，将腿慢慢放下，休息5秒钟；然后再按同样方法，换另一条腿做同样动作，如此反复练习。

虚实放松练法

运动能引起关节肌肉产生感觉。有的感觉沉重，有的感觉虚飘。有沉重感为实关节，有虚飘感为虚关节。虚实放松锻炼期间，实关节要沉稳有承受能力，并向虚关节用劲；虚关节须轻浮富于变化，辅助实关节用力。在运动期间，由于姿势动作总在不断地改变，不是由实关节改变为虚关节，就是由虚关节改变实关节，由虚转实和由实转虚，必须随动作的改换而及时改变虚实。能体会出虚实感觉，掌握虚实改变活动的规律，必须在意念的暗示下，多感悟、体会放松时的那种感觉，而且能利用那种感觉做动作才行。

放松要有主次先后之分。人之肩、肘、腕为上肢三大关节。要放松上肢关节，必须先将肩关节松开，肩关节能松开，手臂、肘、腕便能松柔灵活起来。下肢胯、膝、踝为主要关节。要松开下肢关节，胯关节是主要的。因胯部是上体与腿关节连接处，好似球面铰链接触一样，胯关节松不开，腰腿乃至全身动作就不可能灵活协调起来。

连续放松练法

连续放松法，是放松练法中较难做到的，也是练功的关键之一。若能连续放松再与呼吸运动结合起来，锻炼效果可就再好不过了，可这并非是轻易能做到的事。用扭身双臂摆动，两腿一条腿缩紧用力，带动另一条腿和双臂活动，就能进行连续放松练习。现举两个例子如下。

(1) 扭身连续放松法。自然站立，肩下坠，脚踏地，双脚间距同肩宽。颈松开，稍微弓身低头，用呼吸辅助身体向左右转动，两臂随转体就能向左右摆动起来，头也能晃荡。然后小腿用劲，吸气，挺身仰头，臂自然向前、后摆起来。然后身体向左、右大倾斜，向左面倾斜时，要求左臂自然下坠，右臂放松贴身。做这些活动期间，若是感到身体懒洋洋的，非常舒服，就证实连续放松做对了。

(2) 悠闲散步连续放松法。迈步须以脊椎为枢轴，四肢运动要交叉协调配合。当左腿向前迈步抬高(虚腿)，须轻松灵活，右腿支撑体重（实腿），向左腿多用劲，带动身体向左转，左臂向后摆，右臂向前摆，右腿由弯曲到伸直，两臂摆动省力。左脚落地须放平稳定，右臂应随左腿用劲从弯曲到伸直向前摆动，身向右转。当右腿向前迈步抬高，要放松灵活富于变化，调整身体平衡，由左腿支撑体重，向右腿（面）多用劲，右脚落地须稳定放平，左臂应随右腿向前摆动，左腿要缩紧用劲，促使右腿向前迈步。按这样的练法，借两臂摆动，两腿交叉迈步，腰脊椎放松，头部自然向左右转动，以腰为枢纽，向左右转体，自然带动上下肢活动协调起来，一切运动就会有紧有松，连续进行，松与紧就能随动作的改换，连贯起来。

连续放松练法，要注意不使拙力用柔劲，做这个动作，就要把下一个合适动作带动出来。这好比一块自动手表上的两根发条，表走时，一根发条在收缩上劲，另一根就在放松。既能做到缩紧放松时的姿势顺其自然，又能及时放松，致使身扭动，臂摆动，以下肢带动上肢，以上肢协调下肢，越走越轻松，而避免发生呆滞现象。

四、姿势动作

姿势动作系指运动外形而言。一般以速度、力度、角度为标准构成正确姿势与否。不同姿势有不同效果。动作效果好，与姿势正确有密切相关。一般来说，要想姿势正确，运动效果好，在动作瞬间改变、及时放松有关关节就可实现。那什么样的姿势为正确姿势？按太极拳要求的标准，有如下要求。

头部正直。头部正直，是指锻炼期间头颈不向左右歪斜，有虚灵顶劲。它牵连躯干正直，立行自然，并且随腰部转动负有平衡与调节之作用。

沉肩、垂肘。沉肩，必须在松肩的前提下才行。因为沉肩、坠肘可帮助“含胸拔背”，并有利于“气沉丹田”。那么，肩，应怎样沉呢？两肩要平，不可一高一低，要互相呼应。“垂肘”系指肘应松垂，自然弯曲，两臂松沉微向前合，不管在任何状况下，肘关节总是微屈而下垂有力。

含胸拔背。含胸拔背指胸部要舒松微含，不外挺，也不内缩，则脊背向左右就不会歪斜；腹部要松静，松静才能使腹部充实，给“气沉丹田”、腹式呼吸创造条件。

收臀。收臀是臀部不向外突。臀不外突，不仅能保持上体直立和尾闾中正的自然美好姿势，还能在气沉丹田和裆部会阴虚上提的配合下，使腹部充实团聚，加强腹部呼吸的作用，做到力由脊发；练功腰腿的动作必须灵活协调，其关键在“胯裆”（骑马蹲裆式），因胯是腰腿的转动关节处，所以只要胯关节能松开，便可保持上下一切动作协调，气血畅通无阻。

姿势正确，不但能保持动作优美，对关节肌肉有较大锻炼，对神经放松也有一些良好效果。否则，身不正则气不顺，气不顺则意不宁，意不宁则气散乱，不仅影响到放松，而且也可能导致关节肌肉总是处在一种僵硬、紧张状态，并向大脑皮质发放一系列非良性的、向心性的兴奋冲动，从而影响到功效和机能的充分发挥。再进一步说，姿势正确可以帮助肺部加深呼吸，增强效果，不然，有可能使运动受阻，甚至出现动作散乱、顾此失彼，有中断现象产生。

运动中能始终保持姿势正确，无论如何练习也是较难做到的。可五行功强调以意引气，以气运身，只要能进入入静状态锻炼，动作以舒适为主，关节肌肉连续放松，顺其自然产生姿势动作，再能以呼吸辅助运动，即使不强调姿势如何正确，也能收到不错的效果。

姿势动作，可以根据自己喜爱，自由选择几项练习。开始阶段可以单独练，练熟悉以后编排好顺序再全面练。动作练精不练多，可因人、因地制宜随便练习。次数和速度不限，但必须与放松、呼吸结合起来，顺其自然才能做出正确的姿势动作来。

第二章 呼吸功

一、呼吸概述

从字面上理解，呼是将体内之气向外呼出，吸是将体外之气向里吸入。若详细说来，那是由于肺器官一张一缩形成的。吸气时肺部张开，把外边新鲜空气吸进肺，通过血液循环，将吸进的氧气输送到身体各个角落，再进一步到组织细胞，血液又接收各组织细胞所释放的二氧化碳等废气成为静脉血，输回心脏到肺，由肺的收缩把二氧化碳废物呼出体外。

按阴阳学说理解，人吸入新鲜空气为“阳”，呼出浊气为“阴”，阴阳结合成为生命，这对人体的生长发育，维持生命活动，起到首要作用。

人时刻在呼吸，但未必晓得什么为正确呼吸，怎么才能做到正确呼吸，因而对寿命就有影响。

二、正确呼吸的作用

古人养生锻炼之要求是，无论练何种功，练功者必须保持乐观情绪，收心敛性消除杂念，达到“凝神一志，专心不移”的精神境界；另一个要求是，要注意呼吸练习，即要求不同的体质配合不同的呼吸，不同的呼吸形式配合不同的动作，从而达到改善体质、治疗疾病的目的。

何为正确呼吸？所谓正确呼吸，指的是缓慢细匀的腹部深长呼吸。气功讲究“调息绵绵，深入丹田，求缓无声”。练习缓慢细匀腹部深呼吸，要求以意引气下行(气沉丹田)，与练气功没有什么区别，其实练缓慢细匀腹部深呼吸也就是在练气功。

练气功对人的精神、气质、健康等各方面，均有益处。练缓慢细匀深长呼吸的良好效果其实是一致的。缓慢细匀深长呼吸每分钟呼吸次数少，呼吸量大而不喘，与气功相同，这对健康长寿都起到关键作用。

一般人呼吸短浅，一呼一吸只有 4 秒钟左右，虽然终日呼吸不断，但大多呼多吸少，吸入的新鲜空气，不能深入到肺底部，呼气也不能把废气彻底呼出体外，长期下去会造成二氧化碳等废气在体内累积起来，形成有害物质。人过中年以后容易患高血压、头晕、乏力、肺气肿、脑溢血等疾病，对生命有一定影响，均与呼吸短浅有关系。

英国有一位瑜伽大师说过，人的肺部平均有足球那么大，很多人因为呼吸短促，每次换气量小，空气不能吸到肺底部，形成“慢阻肺”，在自然呼吸情况下通气不足，会产生疾病。

《气功精选汇编》中有一段话提到，“长寿的奥秘在于有意识延长呼吸”。所以笔者就常想，乌龟的呼吸缓慢，微吸微呼寿命长，是否与它的呼吸有关系呢？为此笔者把自身当成试验品，经过多年实践，果然收到了不错的效果。

为了说明这种效果，绘出缓慢细匀深呼吸与自然呼吸做比较曲线图，见图 1。

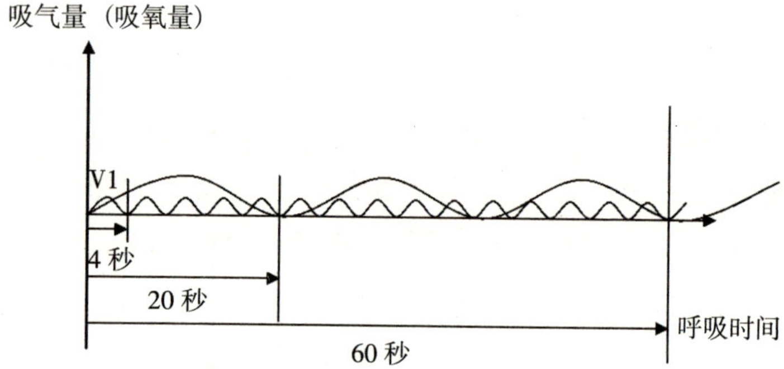

图 1　缓慢细匀深呼吸与自然呼吸比较曲线图

上边大弧线表示缓慢细匀深呼吸，下边锯齿状小曲线表示自然呼吸，两方面作用有明显差异。

第一，从缓慢呼吸曲线图上可以明显看出，呼吸之间的转换很缓和。当初笔者对它不够理解，后来才感知它在运动中，对动作改变有很大帮助，容易延长呼吸，给连续不断的运动创造便利条件，效果比一般运动好得多。

第二，缓慢细匀深呼吸，可增大吸氧量防治疾病。从上下呼吸曲线两方面对比，可以明显看出缓慢深呼吸，比自然呼吸的吸气（氧）量大得多，多许多倍。

一般人呼吸短浅，每分钟 15 次左右（一呼一吸为一次），按此计算，用“V1”表示进行一次自然呼吸的最大吸氧量；以每分钟进行 3 次缓慢深呼吸计算，用“V”表示进行一次缓慢深呼吸的吸气量。1 分钟为 60 秒，则自然呼吸只须要 4 秒钟，“V1”虽然很小也能进行活动，所以常常意识不到自己是在浅呼吸，但在特殊情况下，一用力就会感到气不足、喘起来。

缓慢细匀深呼吸每次呼吸 20 秒钟，吸氧量比自然呼吸的吸气量大得多。若能坚持练习，用丹田抑制呼吸，还能延长呼吸时间，其吸氧量还能增大。

《中华气功网·呼吸的作用》载，缓慢有意识的深呼吸能提高体内碱性含量，同时使心脏跳动缓慢，血液循环加快，多供给身体更多的氧气，血液将氧气和营养素加速输送到全身细胞，另一方面体内的废物毒素，可通过深呼吸彻底排出体外，减少体内酸性含量，使人体内的化学成分保持平衡，减少疾病。

第三，增强消化功能。因为缓慢腹部深呼吸，能迫使横膈膜下移，使胸腔容积从上向下扩展，肺活量增大，胸腔与腹腔形成压差，促使胃部浊气下降排出体外，起到一定按摩效果。中医理论认为，脾主上清，胃主下降，脾清气不可不上，胃浊气不可不下。如果较好地治理和调节气的升降出入，水液代谢增大，可称为肠胃的清道夫。

老人随着年龄增长，消化吸收功能会减退。晚餐多吃几口，夜间胃部就可能会胀痛难忍，逢到那时，连续做几次腹部深呼吸，坚持练十几秒钟，腹部就会产生“哗啦、哗啦”的响声，迫使胀气向下，出虚恭，马上就感到特舒适。因此，凡是吃得少导致营养不足，吃得多导致消化不良，对于生活郁闷不感兴趣，情绪紊乱不佳，消瘦者，大多用药难以治愈的，检查又找不到病因，练呼吸见效最快。

第四，缓慢腹部细匀深呼吸练习，是一种良好的养生法。当你感到疲惫，头脑不清醒，即使是在白天周围环境吵嚷的情况下，只要躺在床上，闭目养神练几十秒钟缓慢深呼吸，思想很快就能镇静安稳下来，脑中好像一片空白，大脑却可以得到休息，起来觉得头脑格外清醒；在夜间醒来时练呼吸，啥都不想，半个小时纹丝不动，再练很快就能进入梦乡。

为什么有这么大效果？因为练缓慢细匀深呼吸，是在练好意守、入静、思想放松的基础上练出来的。练好意守、入静、放松，都能调节大脑功能，安神静修与深呼吸都有直接关系。

黄性贤大师也说过，呼吸为什么要缓慢？要知健身益寿，须知养气养血。而养气，着重一个慢字；养血，着重一个松字。慢则细长而匀柔，松则无力而舒畅。慢的反面就是快，松的反面就是紧。快速则伤气，紧张则伤血，气血两伤，命在旦夕，还谈什么延年益寿？

毋庸置疑，缓慢腹部深呼吸效果非凡是有科学根据的，更主要的是对后面练好“阴阳五行功”“气功站桩”起到关键作用。练习缓慢细匀腹部深呼吸，不要嫌麻烦，不要怕困难，要有信心、决心、恒心，若能练好呼吸的话，无论怎么努力，付出多大辛苦和代价也是值得的。

三、呼吸的练法

呼吸的练法，须从入静、意守丹田开始。若能将意守，尤其是守丹田、入静练好以后，不但可避免少走弯路，而且效果好。练时要有耐心，由浅入深，循序渐进，有一定基础以后就容易多了。这方面，笔者有以下几种练法可供参考。

仰卧练呼吸。仰卧练呼吸是指仰卧在床上，双腿自然弯曲，闭目合口，面带笑容，全身放松，以鼻呼吸，意守丹田。

意守丹田可引气向下，诱导入静，对周围的嘈杂环境，耳不闻，鼻不嗅，思想集中不离呼吸。

吸气要慢慢吸，同时鼓小腹（顺呼吸），扩大胸腔，使肺部充满空气，一般需要5秒钟，停顿2秒钟，用丹田抑制呼吸（保持不吸不呼），腹部放松，再慢慢向外呼气，同时慢慢收腹，呼吸转换须柔和连续不断，没有界限。练呼吸功时千万别紧张，尤其是用丹田抑制呼吸非常重要，否则，就不可能达到理想程度。憋气，与练功不利，这是练气功应该尽量避免的事。

吸气时要有能吸至会阴的气势。那么吸，气就容易活动起来，原因是要运气经过会阴，到长强，沿督脉向上，所以在吸时意想气入会阴，就能在有意无意中把“丹田气”引导到下身。当气路打通走熟之后，气就容易从丹田冲向会阴，沿督脉上行有明显感觉，养成正确练法。

从自然浅呼吸，转入缓慢细匀深呼吸练习，气的交换很复杂，因为自然呼吸是长期根深蒂固形成的，练呼吸时无论是吸气还是呼气，人们总觉得有障碍困难，掌握不好就喘，非快一点才行，有时胸腔有一种说不出来的不习惯、难忍的感受。若缓慢吧，就难细匀；若细匀吧，就难深长；如果既要缓慢、细匀，又要深长，就更难了。还有一个问题是，在吸气时总觉得有呼气产生，在呼气时有吸气存在，越想慢，反而越向快的方面发展，觉得练好呼吸太难了。

《内经金匮·真论》中说，“阴阳之中，各有阴阳。白天属阳，平旦到中午，为阳中之阴。中午到黄昏，则属阳中之阴。夜间属阴，合夜到鸡鸣，为阴中之阴。鸡鸣到平旦，则属阴中之阳”。由此可析，练呼吸，吸气时有呼气产生，呼气时有吸气存在也属于正常现象。认为呼气时不能有吸气产生，吸气时不应有呼气存在，那是一种误会。若不把这种误会认识清楚，求快则慢，反而会酿成祸事，所以说在呼吸转换时应该有个回旋空间余地，顺其自然一些，情况就能有所改善，一般就能将呼气、吸气的时间逐渐延长，那是练气功不用加意念的一种良好效应。

从实际情况言，人体好似个大胶皮囊，吸，吸，吸，再吸，再吸，还可以再往里吸一点气，即使你怎么向里吸气，也不能把气吸足。同理，呼，呼，呼，再呼，再呼，还可以再向外呼一点气，即使你如何向外呼，也不能把体内之气呼尽。因此说，性情急躁、有求功心切想法，对练功是不利的，“欲速则不达”就是这个道理。

人从自然呼吸转入缓慢细匀深呼吸，好比是在进行一场革命，那得经过一段相当长时间的锻炼、适应过程才行；而且缓慢细匀深呼吸是无止境的，即使已经练到缓慢细匀深长的程度，再练过一个阶段以后，还能延长，所以说练呼吸是无止境的，要有耐性，循序渐进。不要苛求自己，当自己感到呼气或吸气有困难、气不够时，就往里吸点或者向外呼点气，不要硬撑着，否则，有时头部就会感到沉重不适，胸闷，气短，甚至产生偏差，就成大问题了。

咽喉是个通气道口，以卧式练呼吸时，能充分利用这个通气道口很重要。吸气时将咽喉张开，把外面空气用鼻吸进来，用丹田抑制呼气，使气只吸不呼。呼气时用肺器官把气通过咽喉呼出去，用丹田抑制吸气，使气只呼不吸。为了延长或者加深呼吸，在吸气时，可以多次吸气抑制呼气，同样在呼气时也可以多次呼气抑制吸气，这么就容易延长呼吸，甚至多次延长呼吸，比单独用肺部延长呼吸容易多了，如果再用头晃动，脊椎骨蠕动，两臂伸缩，腿部虚实等协调动作配合练呼吸，可就再好不过了，详述如下。

坐着练呼吸。坐着练呼吸，是指坐在合适高度的椅子或台阶上，姿势摆好，大小腿成直角，两脚掌贴地放平不离地面，全身放松。慢慢吸气，要一边吸气一边挺胸，举双臂身向后仰，手掌朝上继续吸气，用丹田抑制呼气，肩膀放松前倾，两肘向外展，手腕不断活动可帮助继续吸气。由吸气慢慢转向呼气，随呼气伸臂掌心朝下，以丹田抑制吸气，使气只呼不吸。然后收臂扩肘吸气，肩放松可帮助两臂轻松向上抬再吸气，肩膀再放松，在呼吸（气机）的作用下，前臂向上动，肘外展划弧，手划圈，颈蠕动，头晃动，臂抖动，产生一种特有力量，自然形成各种动作，这么自然形成的各种动作，就会感到特别容易延长呼吸。

按照以上所述，你只要认真练习，利用丹田气抬举双臂，身向后仰吸气，同时“抑制”呼气，呼气时落臂，“抑制”吸气，上体放松，“屏息”；上肢在呼气或者吸气的作用下，就可以自然张开，上下，挺胸，展臂，头晃动，臂摇摆，多感悟，思想跟着动的感觉走。经过一段时间不间断练习，就会感到双臂好像自发似的那么颤悠、抖动、翻腾起来。各种活动对大脑都有良性刺激，可比单纯用肺器官延长呼吸容易多了，每次只练几十秒钟便有舒适感，太奇妙不可思议了。

以四肢连续活动练呼吸。以四肢活动练呼吸，首先要自然站立，头颈正中，不向左右歪斜，两腿弯曲分开，手臂自然下垂，全身放松，精神集中，以鼻慢慢呼吸，将呼吸调匀致细，平心静气，由于身体柔韧和呼吸的作用，腿部就开始动。不是前倾，就是后仰，不是向左转，就是向右动，但无论怎么样动，都要与呼吸结合起来同步进行。练到适当时，将腿抬起来用一条腿支撑体重，以抬起的那条腿和两臂活动与呼吸结合起来练为最佳。这么练不但能增大活动量，也能使呼吸自然深长起来，而且很舒适。

在呼吸与运动保持同时进行的状态下，要以意引气，充分发挥意念的主导作用，由意念暗示运动做动作。如此，吸气身体就向后仰，呼气身体就向倾。呼吸快，活动快；呼吸慢，活动慢。以意念暗示向哪个方向活动，身子就能向哪个方向动，意念暗示下肢动，下肢就能动，在呼吸的辅助下，怎么都能自然动起来，怎么样活动都能辅助加深呼吸，这证明练功者已有相当功夫了。

练呼吸要有悟性，能按上述要求练习，平时不管在任何时间、地点，只要气沉丹田做深呼吸，好像马上就给自己增添了力量，办事也有了主意。总之，若把呼吸练好了，对练好阴阳五行功、气功站桩，都非常有帮助，这便是强调练好呼吸的首要原因。

第三章　阴阳五行功

所谓阴阳五行功，是指以入静、意念、缓慢细匀深呼吸、放松、姿势动作 5 个方面为基础连续起来，又与阴阳五行相符合，故取名为“阴阳五行功”。怎么能将这 5 个方面结合在一起锻炼并使其作用显著等，这就是本章所阐明的问题。

何谓阴阳？《黄帝内经·阴阳论》：“阴阳者，天地之道也，万物之纲纪。”阴阳是对自然界相互关联的某些事物和对立双方的概括。它既代表两个相对立的事物，又代表同一个事物内部所存在的相互对立的两个侧面。

阴是静止的，阳是躁动的；阳主生成，阴主成长；阳能化生力量，阴能构成形体。

何为五行？五，是指自然界中金、木、水、火、土不可缺少的五种物质。行，是指运行变化之意。五行是根据金、木、水、火、土五种物质的特性，划分构成自然界中的万物。

《尚书·洪范》对五行特性有如下结论：

水，润下。润泽是水的一个特性。水的状态是滋润、清润向下。

火，炎上。炎是炎热的意思，它的性能是热性，它的运行状态是上行，即火是往上飘动的。

木，曲直。树木有条达，向上向外舒展之特性。

金，从革。金有两种性，一个是从，即顺从；另一个是革，即改变之意。

土，稼穑。稼是种植，穑是收获。

五行中有相生关系，即木生火，火生土，土生金，金生水，水生木。在相生的关系中，任何一行都有“生我”“我生”两方面的作用。

五行中有相克关系，即木克土，土克水，水克火，火克金，金克木。在相克的关系中，任何一行都有“克我”“我克”两方面的作用。

五行有制化（制约）关系。制约是指相生相克两方面关系的结合，是事物发展不可缺少的两个方面。因为没有相生就没有事物的发生和成长；没有相克，就不能维持事物正常关系下的变化与发展，因此就必须生中有克，克中有生。

笔者在长期练功中切身体验到，五行功基础功与阴阳五行有密切关系。

入静，相似于“水”，水属阴，所以入静属“阴”。水对应的脏器是肾，如果人的肾功能不好，就会出现口干舌燥和失眠等不良后果。

意念，相似于“火”，火属阳，所以意念属“阳”。火是炎上飘动的。火对应是心，所以心意(意念)是浮动的。

姿势动作，相似于“土”，土属阴，所以姿势动作属“阴”。土在五脏里对应的是脾，脾的特性是输布四方。

缓慢深呼吸，相似于“金”，金属阳，所以呼吸属“阳”。金有从、革特征，所以便有呼、吸两方面不同。

放松，相似于“木”，木属阴，所以放松属“阴”。木对应到人体是肝，肝气要处在顺达舒畅的状态，不能被抑郁遏制，但也不可无限制地放松。

一、五行功以阴阳五行为理论

“一阴一阳谓之道。”对阴阳五行功来说，运动之所以不断地进行，由某个式子转变成另一个式子，式子可以灵活变化多样，连续不断，但无论怎么样转变，都是由于阴阳变化所形成的，是暂时瞬间之现象，都要以阴阳五行为理论，才能连续不断地锻炼下去。

根据阴阳五行中相生、相克、制化关系，确认入静、呼吸、意念、放松、姿势之间的相互促进，无不是从阴到阳、从阳到阴的转换过程，但那都是相对的。因为相生和相克的过程，即是它们逐步完善、成长发展的过程。在阴消阳长，或者是阳消阴长的过程中，会产生新的姿势动作，出现新的失衡，可这种新的现象出现，又会引发出再一次相生和相克的调节，从而又会出现新的动作。这种相对平衡的调节动作，是无休止地进行下去的，所以阴阳五行功，便能不断地向高级阶段发展，从而功效总能在不断地增长，是一般功法所不及的。

为了说明人与阴阳的关系，下面列出五行功与阴阳对照表（表1）。

表1　五行功与阴阳五行对照表

五行功	阴阳五行	属性	人体				
			五脏	六腑	五官	五色	五情
入静	水	阴	肾	膀胱	耳	发色	恐
意念	火	阳	心	小肠	舌	面色	喜
姿势	土	阴	脾	胃	口	嘴唇	悲
呼吸	金	阳	肺	大肠	鼻	皮毛	忧
放松	木	阴	肝	胆	眼	指甲	怒

注：姿势，是指姿势动作；呼吸，是指缓慢细匀深呼吸；放松，是指全身放松。

人，生病的根源在哪里？按中医理论讲，主要是由于外界因素破坏了人体阴阳平衡所导致。即五脏功能异常疾病生，五脏通调疾病消。

从上表可析，练好入静、意念、姿势动作、呼吸、放松，就是起到调整五脏六腑功能的作用，保障身体健康这个问题也就不难理解了。

阴阳五行功练的就是阴平阳秘，以阴阳平衡为标准。入静属于内功（静养功），意念属于内功，呼吸属于内功（气功）放松属于外功（放松功），姿势动作属于外功。它既有外功又有内功，外功是在进行体育锻炼，内功是在运气疏通经络，是内功与外功相结合的一种有氧运动，有时也在进行无氧运动（剧烈运动或快速运动）。它内练精、气、神，外练筋、骨、肉；动静、快慢、运动幅度大小结合，激发体内潜能，内外浑然一体。

阴阳五行功动作协调，一般是按平面、空间圆形、弧形或螺旋形活动，引导内气通经活络，正符合生理要求，满足生理需要，从而使体质得到根本改善。若能长期坚持锻炼，不仅能保持身体气血畅通无阻滞，提高免疫力，还能达到有意无意之间，激发自身潜能，所以说练好阴阳五行功，能防治疾病，推迟衰老，延长寿命。

二、基础功之间的相互促进作用

要想练好阴阳五行功，取得实质效果，首先得了解入静、呼吸、意念、动作、放松基础功之间有什么关系，能否起到相互促进作用？以及为什么这样？为说明上述概况，特绘出图 2。

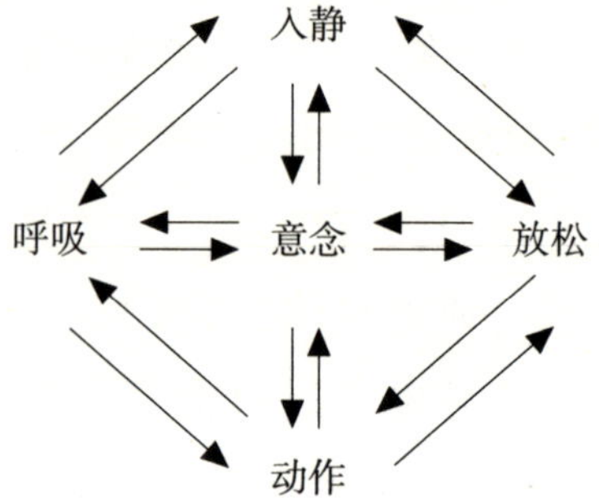

图 2　基础功相互作用图

以最外边一圈箭头指的方向，表示它们的相生关系；以里边箭头指的方向表示它们相克；以中间箭头指的方向，表示它们既相生又相克的制化关系。

1. 意念与入静之间的互相促进作用

意念活跃好动，飘浮不定，练功时如不能把意念稳定抑制住，运动就不能做到有条不紊、随心所欲、顺其自然。练习时，有时不知不觉意念就容易溜号开小差，不知跑到哪里去了，这时运动就会出现呆滞、断续现象；若是在入静、心平气和的状态下进行，即使是在锣鼓喧天、人山人海、吵闹繁杂的环境下，也能见如不见、听如未闻、乱如不乱、不静如静、不急不躁、有序地锻炼。

2. 动作与入静之间的相互促进作用

练功期间，动与静不是孤立存在的，这就意味着有动就有静。因为动是由静产生的，动是为了静，但静到了极点就能自然动起来，不能无止境静下去。如将两手举过头顶，停一会，静到一定时间，由于自由落体惯性力的作用，自然下落的驱使，两臂不动也能自然降下来。

3. 呼吸与运动之间的相互促进作用

经过几十年的锻炼，笔者逐渐感悟到，呼吸与运动之间关系不但密切，而且特别有趣。为说明这种情况，在此打个比喻，它们好似是一对孪生兄弟。哥哥比为运动，弟弟比为呼吸。哥哥在前面走，弟弟在后面跟。当哥哥在前面走到需要改变动作时就说，你快跟上来！一边喊一边在给弟弟创造有利条件（调整姿势，以利于呼吸）。实际上，即使哥哥不说，弟弟也能及时跟上去，并能帮助哥哥很好地运动。

在运动中，若能把呼吸与动作恰如其分地结合起来，不但呼吸能辅助运动，运动对呼吸也能起到延长或加深作用，而且比较容易。这两方面的互相促进作用，太玄妙了。

4. 放松与动作之间的相互促进作用

动作是由于关节肌肉在用力缩紧与放松后形成的，如果只有缩紧没有放松（松弛），就不可能活动，所以说，放松与活动是相互滋生并存的，要活动就得放松。再进一步说，不会放松，关节肌肉也不可能很快、很好的活动。比如，瘫痪在床上的病人，关节肌肉既不能收紧，也不能放松，因此他只能靠别人帮助才能活动。

五行功不但要动，而且要求动作协调，连续不断。上个动作的末尾，恰好是下一个动作的开始，中间不能有呆滞现象等。做法就是在做下一个动作前的一瞬间，及时放松一下有关关节肌肉就成了。由此可知，放松，是动作与动作之间连接的纽带或桥梁，没有这个桥梁，动作就不会连贯地进行下去。

三、怎样练好阴阳五行功

练习阴阳五行功，最好是在早晨阳气趋向于外时，找个空气新鲜、环境安静、平坦的地方锻炼。两脚分开与肩同宽，调整姿势，找好平衡点。腿微屈，臂下垂，闭目合口，以鼻慢吸慢呼。对周围环境，视而不见，听而不闻，使心情宁静下来，再入静 1 分钟，将呼吸调整到没有界线，自然站好（图 3）。

图 3 预备式

按上述状态练习很快就能将“气机”打开，进入练功状态，自觉精神恍惚，处于朦朦胧胧“世外桃源”一般的境地。

练时要提起精神，呼吸缓慢，充分发挥意念主导作用。意念暗示到哪儿，那个地方就能动。这是由于呼吸与运动相结合同时进行，呼吸促使运动，运动加深呼吸的相互促进作用，再加上身体柔韧灵活有弹性，身子就能自然动起来。要利用这种自然性，再运气可将腿臂轻松抬起来。抬起来不必管它就能自然落下去，恰好利用腿臂自然下降的瞬间，用呼吸帮助另一只腿、臂抬起来，不但不用管它，而且还可以用它的放松劲自然产生下一个合适动作。如此，姿势动作就能随呼吸连贯起来，不断改变下去。

练几分钟，停下来站一会，缓缓吸气，用丹田运气举双臂，意想有个模糊物，随吸气自脚后跟腿后面沿“膀胱经” 上行，右腿放松，高抬到大小腿成直角，身体向左倾，用左腿支撑体重站稳，以四肢活动掌握好身体平衡，稍停片刻，吸好气，右臂在上，左臂在下（图 4）。当向左大倾斜时，以左腿多用劲、右腿下降伸缩，以及用两臂伸屈活动调整平衡。

图 4

吸好气，由吸气慢慢转向呼气，右腿放松，脚落地站稳，双脚分开距离同肩宽。由呼气慢慢转入吸气；一边吸气一边慢慢举双臂，意想背后有个模糊物随臂上行，当双手举过头顶，吸好气，手腕放松划圈，肘外展双臂划弧，随呼气自然向下（图 5）。

接图 5 姿势往下练。一边呼气一边臂下落，腿弯曲下蹲，中指尖按压印堂经过鼻端下行，入任脉沿腿前面再向下，弯腰腿绷直，臀部用力向后动，手尖触地不动，继续呼气（图 6）。

图 5

图 6

腿放松，由呼气慢慢转向吸气，一边吸气一边促使膝关节向前动，下蹲到大、小腿夹角小于 90° 角，臀部向下坐，两掌贴在胸前，闭目体会腿部的放松感觉，同时调整呼吸（图 7）。

呼吸调匀之后，吸气运气，用丹田抑制呼气，站起身来。全身放松，在“气机”的作用下，用丹田呼吸，

图 7

图 8

两臂就能自然颤动起来，越颤动越舒适，怎么动都行。借颤动暗示身向左转，身向前倾，左腿向前弓，右腿往后绷，左手斜上，右手向前指，目视前面，都是自然做出来的（图 8）。

慢慢吸气，促动左臂伸直，右臂上扬，右手贴于头部右侧。再吸气，用丹田抑制呼气，右腿弓，左小腿贴地，目视左手不动片刻（图 9）。

图 9

接上述姿势，只要能做到缓慢呼吸与缓慢运动同步进行，以意引气，气沉丹田，就能产生一种爆发力，快速将身体向右扭转，左腿弓，膝盖贴地，脚底朝后，前臂端平（图 10）。

图 10

紧接着上面姿势往下进行。继续吸气，吸气，再吸气，以丹田抑制呼气，使气只吸不呼，下肢稳重，脚落地有根，上肢灵活，以吸气帮助左腿支起来，身体向左转，两腿叉开，带动左臂斜上，掌心向里，右臂与右腿方向一致。右腿带动产生动作。举一反立，但不管运动怎样快和慢，心都要保持镇静（图 11）。

图 11

全身关节要松开，大胆练，上肢向前后摆动起来，腰部扭起来，身向后仰，右腿向前迈步，左臂上扬，右臂斜下（图 12）。

图 12

上面姿势做过以后，两臂、肘腕活动轨迹划弧呈圆，臂弯曲，手向里勾肩膀时紧时松，四肢交叉活动；要利用这些活动加深呼吸，再用丹田抑制呼吸，就能体会到气机在体内随四肢活动，腰椎蠕动，头晃动，按螺旋活动运往四肢百骸。

运动速度有时快，有时慢；幅度有时大，有时小。有时动，有时静。快似雷轰闪电，慢如抽丝拉线。大动如泰山压顶，小动如蛇蠕行。但是，不管动作如何快也不喘，运动怎么样慢，也总是那么和谐不断。

中医认为，“气行则血行，气滞则血淤”。按上述运动练功，气血调和顺畅，练功者能感到血在体内流动，尤其是指尖感觉特别明显，头脑不断有酥麻感产生。

五行功运动以舒适为主，没有规律性，所以你觉得怎么样舒适，就可以随便、大胆练，姿势动作越练越优美好看。唯有这么顺其自然做出来的姿势动作，才能收到理想效果。

关于呼吸与动作结合方面，要根据活动感觉灵活掌握。一般身向前倾弓腰、腿弯曲、手下按时采纳呼气较多；身向后仰、腿伸直向上、抬臂举手时采纳吸气较妥当。腿弯曲、手下按时，呼气，要以丹田抑制吸气，再下蹲再呼气，再抑制吸气；身向上抬臂吸气，用丹田抑制呼气，再吸气，再抑制呼气。抑制呼吸次数越多，越能增大动力，加速气血循环，增强体质。

呼吸时要有合适动作配合，才能更好地延长呼吸，保障健康。这个合适动作，是在瞬间改换动作时灵活纠正、调整做出来的。对此，只好多感悟，凭借感觉，因势利导，随弯就弯，随力借劲，你觉得怎么样舒适，就怎么样动，即属于合适动作。其关键是要保持精力集中不分散，意与气合，气与力合，以意导气，心想到哪里，哪里就能动，动过马上就放松为适。

在入静状态下，用丹田呼吸，呼吸越慢越好，因为这样呼吸在保健疗疾方面有特殊意义。首先可使横膈肌、胸腹活动，起按摩作用，使呼吸器官强健，改善心血管系统，加速静脉血回流，除有利于新陈代谢和补氧以外，还能有效地促使神经系统镇静与健壮，对消除疲劳和防治高血压、糖尿病、心脑血管疾病均有明显效果。

“吸气为阳，呼气为阴”；左为阳，右为阴；向上为阳，向下为阴；阳气易往上升，阴气易往下降。笔者在长期锻炼中，利用阴阳升降特性摸索、感悟到，练功期间，必须把气机控制住，为练功服好务，既要求它动，也不许它随便动。根据动作变化，借助阳气上升，把腿缩紧抬高，手举过头顶，稍停一会调整呼吸，随呼吸做动作。但要做到入静、意念、呼吸、放松、动作连接起来，比较突出的有以下几个问题，需要认真练习。

（一）运气疏通经络

气是什么？气，是“真气”。真气是指呼吸调息之气而言。《罗汉功·武林绝技之家论坛》载，“真气为人之能源，真气在体千般用，真气离体万事休”。

人体是由五脏六腑，四肢百骸，五官七窍，皮、肉、筋、骨等组成，虽然它们各有不同生理功能，但又是共同有机活动的一个整体。这种有机活动配合、互相联系，主要是依靠经络的沟通才成为一个有机整体。

经络是人体气血通道，内通脏腑，外连筋骨。中医理论认为，“气为血之帅，血为气之母”。人体气盛，血才充足，血怎么能旺盛起来？只要营养充足，会运气，就能使血在脉管中更好地流动不断，循环周身，供养各部，满足生理活动需要。

何谓运气？运气是指呼吸，用丹田抑制呼吸时，能酿成一种特殊能量。不言而喻，经络若能畅通无阻滞，借助呼吸与运动相结合的相互促进作用，全身就能灵活多变，怎么样做都很舒适；否则，经络不通，气血受阻，活动功能减退，尤其是老人活动迟缓笨拙，肢体不受支配出现问题，就是这种原因。若会运气，能迅速促进改变姿势动作，疏通经络，增加气血循环，一切不良倾向就可避免，身体就能健壮，减少疾病。

“气”是什么？众说纷纭。笔者认为，指的是呼吸调整后之气。它是以丹田抑制呼吸形成的，或称为“丹田气”。丹田气，非气也。这种“气”是心灵上的气感，在呼吸时，好像纳入丹田，那是一种意念作用，一不想它，它就没了。可是，它可以使丹田部位有异常反应、冲动感，因而能发挥出想象不到的作用来。这恰如《太极拳谱》有那么一段话说的好，“拿着丹田练气功，哼哈二将妙无穷”。

一般人把运动与丹田呼吸隔离开，只想怎么样做好动作，想不到有呼吸能促进运动的重要性在里边。若能把丹田气与运动巧妙结合起来，利用下去，一来二去，不思动也会动，不想静也能停。那怎么运气？用一段话来讲，就是上面所提过的，意想咽喉是个进气门，丹田是个排气门。吸气时将进气门打开，排气门关闭，使气只吸不出。呼气时将排气门打开，进气门关闭，使气只呼出不吸，这两方面抑制呼吸都能产生一种爆发力。这种爆发力，对外能促进改变动作，对内使五脏六腑功能协调一致，增强活力，疏通经络，活血化瘀，加速气血循环，增加排泄能力等等。

（二）动作要协调

动作协调，是指动作与动作之间有一种必然关联。

如，做某动作自然就能把下一个合适动作带出来，发挥作用保持身体平衡。举个例子，人在悠然散步的时候，迈左腿脚着地时，就能把右腿带一下抬起来，身子能自然向右转，带动右胳膊向后摆动，左胳膊向前摆动，与右腿同行；同理，当右腿向前迈步脚着地时，帮助左腿抬起来，身子能自然向左转，带动左胳膊向前摆动，右胳膊向后摆动，走起来会感到轻松自然。下肢这种自然抬起和上肢那种自然摆动，就是动作与动作之间有协调性的必然现象。这种现象的自然出现，并非全是动作协调之功劳，还有气的作用在里边。也就是说，会运气，做这个动作时就能将下一个合适动作带出来。概括言之，运气的作用如下：

一是，能迅速改换动作。意想左臂动，左臂就能动。意想右臂动，右臂就能动。意想颈椎动，不仅仅脊椎动，头部也能晃动；意想两臂、肘腕，上下动，带动全身都能动起来。呼吸频率一改变，运动也能跟随上去自然改变动作。

二是，动作到位效果好。因为这种运动，是在放松、顺其自然状态下形成的，不仅动作能做到位，而且脑神经会感到特舒服，得到最佳锻炼。

三是，呼吸在任何情况下，无论是呼气改换吸气，或者由吸气改换呼气，都能帮助运动迅速改变动作。

（三）掌握身体平衡

运动中由一个式子转换到另一个式子，变化多种多样，连续不断，主要是靠下肢的承受力、身体的灵活性，以及及时放松，掌握身体平衡的结果。那么怎样才能掌握好平衡？

一是要始终保持入静状态。因为入静能使人保持心态稳定、精力集中，不受外部嘈杂环境干扰，有条不紊地活动。

二是要凭借感觉掌握平衡。运动能引起关节肌肉产生感觉。有的感觉沉重，有的感觉浮飘。为掌握身体平衡，实的关节部分要稳定，并向浮飘关节多用劲。浮飘关节须轻松灵活，富于变化，以调整、保持平衡。

从虚实方面讲，下体为实，上体为虚。运动要虚实分明，即下肢活动要体会到有沉重的感觉来，上肢要体会到有发飘的感觉，这样才能做到上肢配合下肢，下肢带动上肢，运动才能协调起来。

下肢是活动支架，支架若能沉稳，脚落地就能放平有根，身体向哪个方向活动均可用上劲。上肢发飘，便于活动，也可以帮助呼吸。用丹田呼吸能促使运动，所以才能保证上肢与上肢、下肢与下肢、上下肢之间，由虚转实或者由实转虚，总能连续不断地活动。

三是运动要缓慢，而且越慢越容易与呼吸结合起来，以掌握平衡，运动才能做到有柔有刚、刚柔相济，不使拙力使巧劲，用弹性恢复到正确姿势位置上来。

四是运动轨迹划弧呈圆。古人发现自然界的特点是圆和空，进而推导出，一切动静功法都是由“圆”和“空”派生出来的。所谓圆，是指运动轨迹要圆。所谓空，是指意念要集中，把思想包袱去掉，发挥主观能动性，才能用空的观点一心练好功。

圆的真正含义是说，关节活动轨迹要划弧呈圆，避免四肢运动直来直往。因为圆则循环无端，“运动无碍，周而不殆”。

从人体骨骼方面讲，肩、肘、腕、髋、膝、踝等，都是圆弧形的，好像球形铰链一样接触连接，从而保证了关节活动具有灵活性。四肢关节运动本着划弧呈圆之练法，即可做到全身运动舒适，合乎运动规律，对通经活络、活血化瘀、祛病、满足生理需要，起到关键作用，尤其是当腰部做圆周活动时，一边活动一边慢慢呼吸，可以明显体会到下肢虚实分明，上肢向左右挥旋，以肩关节为圆心，臂伸直，做一个划圆动作，也能很自然地做出来。

五行功就是充分利用上述各关节球面接触的灵活性，结合缓慢深呼吸，促使运动不断，达到内外和谐统一，气随运动行遍周身。气到哪里，哪就能动。这就保证了浑身关节、筋骨、肌肉的灵活性。

五行功动作圆活连贯，起无定式，收无定法，有时也快，有时很慢。其中关键还是在吸气时用咽喉抑制呼气，在呼气时用咽喉抑制吸气；再用动作配合加深呼吸，呼吸一改变频率，就能改变运动速度。然而动作练精不练多，不必去追求做出那么多花样动作来。如果对每个动作都很熟悉，又能天天练、多感悟，将基础功恰如其分结合起来，自然就可以达到高水平。

下面再做两个简单动作示范。

1. 金鸡独立

金鸡独立姿势，是指用一条腿支撑身体重量能做动作（图 13）。这个姿势不但可以提高平衡能力，增加灵活性，还可以提高耐力，延长呼吸时间。如能坚持到 8 秒钟以上，说明很健康，即证明下肢已有足够力量保持身体平衡稳定，能给连续运动提供、创造条件。对于平衡能力较好的人，闭着眼练习，效果更好。

图 13

2. 下式姿势

紧接上面的金鸡独立姿势，由吸气慢慢转向呼气，身体下降，右腿弯曲，身体向右转再斜倾，双臂向右划弧做大回环，右腿膝部及上部紧贴右胸，右脚牢牢贴地，右手前臂垂直向上，手指张开，掌心朝里，手指指向下颌，左腿和左脚用力蹬直，左臂伸长贴身，掌心朝后，目视前方（图 14）。

图 14

上面举的，只是两个简单的姿势动作。写的情况是死的，在场地的实际运动情况，才是活的。

四、五行功有特效

（一）练功方便，效果突出

一般体育锻炼都要求有个宽敞、平坦、环境安静的合适地方。可阴阳五行功，无论是在山坡上、河沿边、道路旁、公园里，还是运动场所，甚至只有 1 平方米的一块小地方也能练。白天疲倦时，只要想起练功，不管是站立，行走，还是坐着，全身放松，动作协调，一运气加深呼吸，马上就能开始活动。只练几分钟，就能将气血调动起来，加速循环，使头脑清醒。

（二）运动不受套路规定限制

那些有套路规定的拳术、舞蹈、扭浪等练法，往往不适合老、弱、病、残人士锻炼。一是因为他们记忆力差，记不住那么多规则、要领，有时记住这个，忘了那个；二是这些人群普遍体质差，身子笨拙，四肢不灵活，关节活动受限，速度跟不上去；三是即使是健康状况较好之人，受条条框框规定限制，跟在别人后面抬腿、举手、转身，比比划划，心被别人吸引走了，没个主心骨，不能放开大胆练，也发挥不了主观能动性。即使经过多年练习，也总是在练花架子，划道道，束缚自己手脚，动作不到位，成不了真功夫。

关于练功要以自己的思想活动为主的问题，《罗汉功》载，“一切运动形式都是自己心灵的产物，不必向别人学。那些一招一式有规定的动作练法，他教你，你学他，就把你的思想注意力集中在别人身上，心被别人吸引走了，剩下只是个空壳身躯，随着别人抬腿，伸臂，比比划划。那种受习惯势力影响，认为非得有人教才行，其实，是在束缚自己手脚。没有你的活动自由，往往便有呆滞现象产生，姿势动作难到位，而是千篇一律的动作，那是属于一种机械似的运动，思想总放在纠正、熟悉动作方面下功夫，即使练过多年，也还是那个老一套样子，没有创新，比较起来，收效就差多了”。

阴阳五行功运动系以放松、舒适为主，不受套路规则限制，可以放松随便练，心想怎么练，就怎么练，怎么样练动作都能到位，练到最佳状态时，能有很明显的气血流动感觉。

（三）运动特舒服

运动多种多样，五花八门，但时至今日许多运动锻炼下来都令人觉得累。五行功活动顺乎自然，悠然自得，既是在锻炼，又是在休息，运动时各种动作对大脑神经都有良好刺激，所以笔者在锻炼时总爱闭着眼睛，仿佛处于一种混沌、朦朦胧胧的状态中，体内好像有个模糊物体，随着动作改变而飞行。运动到哪里，它就到哪里，头部经常有酥麻、飘浮感，懒洋洋的非常舒适，往往都不愿停下来。这是由于呼吸与运动相互配合，相互促进的结果。按气功的术语讲，是“神不离舍”“恬淡虚无，真气从之”的良好反应。

(四) 内外皆练，连续不断

《易筋经》曰：“精气神无形之物也，筋骨肉有形之物也。必应先练有形者为无形之佐，培无形者为有形之辅。若专培无形而弃有形则不可，如偏爱只练有形而弃无形，则更不可。所以有形之身必得有无形之气相配合而不相违，乃成不差之体。”

现代人很多只注重物质环境，却不重视精神因素，是不够的。二者在保健祛病锻炼中也同样不可偏废。不注重内气运动锻炼，是不圆满的。

张肇平、杜飞虎大师在《论太极拳·呼吸》中说得好，“每个动作都要与呼吸有节奏地自然结合，否则，不徒无益，而且有害”。今日之练习太极拳者虽多，而其真正能与呼吸相结合者太少了，难怪有人慨乎言之：“太极拳虽然流传很广，但很可能失真，即使未失真，也只能算是一种体育，不能算一门内家功夫。”

阴阳五行功与其他运动不同。它不看重外形练习怎么正确，怎么样美，它在于气势，即不在外形姿势动作方面过多地下功夫，而着重点在缓慢深呼吸的内气运动。以内气作用辅助四肢轻便抬起（缩紧）到一定高度，接着放松，借用放松促进动作到位。再以外动引导内气

(气机)，以内气促使外动，由表及里，内外双修皆动，和谐统一。至于运动式子，是在呼吸与运动同步进行的状态下自然变化形成的。

结 语

阴阳五气五行功，有氧运动显神通。
精湛技艺效果好，传到哪里都能行。
练功期间须入静，运动起来变无穷。
动息结合是关键，动作协调需放松。
不想动作如何练，随心所欲自然成。
抑制呼吸运内气，展翅高飞赛腾龙。
此功效能祛百病，健康长寿不是梦。

注解：

(1) 动，是指运动；息，是指调息之呼吸（内气）。

(2) 阴阳五行功，与阴阳五行有一定关系，说明该功深奥，效果非凡。

(3) 阴阳五行功，既汲取了古人气功精华，又符合现代有氧运动，是在太极拳基础上，进一步发展起来的一种特殊运动练法，值得提倡学练与推广。

第四章　气功站桩

站桩是我国古老养生术中的一种。远在两千多年以前，《黄帝内经》中就有“真人者，提挈天地，把握阴阳，呼吸精气，独立守神，骨肉若一，故能寿蔽天地”的记载。

站桩是形、意、气、力，相互联系、制约在一起的整体活动。形是姿势，意是意念活动，气是呼吸（内气或真气），力是运动期间所用之力，也即是放松力。站桩的作用主要在于增强下肢力量，使下盘稳定，有助于掌握平衡和呼吸调整。只要练法正确，姿势和意念配合得当，则力不练自生，气不运自行，会使动作更为灵活、蓄发多变。

站桩里有那么两段话说得好，“要把骨髓洗，先从站桩起”。百练不如一站，但必须亲自练，切身体验，熟练掌握练法以后，治病才能收到满意效果。

“人是天地所生，天以气养人之阳，地以食养人之阴”（《黄帝内经》）。人，生长在天地之间，依赖于大自然生存，同自然界有着不可分割的关联。

站桩头顶天，与天气相连，脚掌贴地，与地气相通，恰似个与天地之气相融合的熔炉。使人体阴阳之气，更好地与大自然相应合，人才能更健康生长。

站桩是静功、动功相结合的较好练法，在静中生动，在动中养静，调整阴阳平衡，“内外双修”，“天人合一”，多摄取大自然中的清气营养，增强新陈代谢功能，所以说，它是一种特殊的体育活动疗法。气功站桩，是将站桩与气功（缓慢腹部深呼吸）结合起来一同锻炼的一个典范。不言而喻，会产生些想象不到的效应，无论在养生保健还是在医疗实效价值方面，比站桩还更好一些。但有一点必须说清楚，要想练好气功站桩，同样也得学好用好，熟练掌握第一章所述的“基础功”才成。

一、气功站桩效果好

王芗斋先生根据其50年来的练站桩体验，创造了一种动静相兼、内外温养，用于防病治病、健身延年的功夫，简称为“站桩功”。这种功夫，通过北京医学院、北京铁路医院、河北中医研究院，以及他多年实践证明，适用于肠胃病、肝脏病、心脏病、肺病、神经病、关节炎、高血压、半身不遂、妇科、眼科等多种病的防治。

站桩疗法应用广泛，对一些慢性病，尤其是对机能性和一般躯体疾病患者的收效较快，经过不太长时间锻炼以后，患者食欲、情绪、睡眠、血压、局部疼痛症状，均会有显著好转。

站桩的效果因人因病而异，也有大小快慢之别，但除去随学随止（断续）之人以外，没有疗效作用者是很少的，而且有许多病患者痊愈之后继续锻炼，大多收到由弱到强，老当益壮之效果。

对高血压，神经性的收效快，功能发生变化的，如血管已经硬化或冠状动脉硬化者，收效较慢。

对关节炎 ，一般的风湿性和多发性关节炎都易于治疗，属于后遗症或先天性的关节炎比较难以治愈。

对神经衰弱 ，一般性的头晕脑涨、头痛等，收效的快慢主要在于能否稳定住神经，但已引起消化不良或便秘者收效较慢。

对气管炎、肺气肿和患病不久者，收效较快，属于先天性的不易治疗，但其效果和年龄、体质以及生活条件均有密切关系，只要加强锻炼、饮食起居多加注意，也是可以治愈或减轻的。

对肝脏病， 肝肿和肝硬化，只要有信心、适当练功，再多注意饮食和环境方面的保养，也是可以逐渐治愈或减轻的。

对肺病，只要按照步骤、适当地练功，多注重饮食、保养，一般都可以治愈。

对半身不遂 ， 要耐心、持之以恒，一般是可以治愈或减轻的，但此病易复发，必须一边练，一边避免生气、着凉、劳累，如果舌头和手脚都坏了的话，就不能治疗了。

对胃肠道疾病，疗效良好，但较迟缓，病情轻者3～4个月可好，重者8～9个月、1～2年不等，总可以痊愈的。

对心脏病，大都效果良好，但要在个人性情和生活环境好的条件下，否则，若是不多加注意的话，见效就不够明显。

从效果方面说，气功站桩比站桩的效果还好。因为气功站桩是通过躯干、四肢的不断放松、保持平衡，加上呼吸积极促进内外活动，可使肌肉、内脏活动增强，而形成一种持续不断的轻松的静力性张弛，向肌肉发出冲动，传导到中枢神经，然后相应的中枢神经再发出冲动，传向身体各部组织、细胞，这样就可将向内的冲动与外向活动的冲动结合起来，从而达到内外和谐统一，增强肌肉活力，可使大脑中枢神经得到调整和休息，其中实效就不言而喻了。

笔者练气功站桩已经多年了，其效果怎样，虽未经过专门检查。但是，通过本身练气功站桩前后对比，有许多病都痊愈和好多了，证明气功站桩疗效确实不错。

二、气功站桩练法

选择姿势。站桩姿势较多，分为站式、坐式、卧式几大类，每一类，又分多种。站式应用范围广泛，疗效显著，体质较好之人，一般都采纳站式。在站式当中，具有较好实效的有两种。

第一种姿势。上体保持正直，头如吊顶。两脚平行，距离同肩宽，脚放平踏地有根，腿自然弯曲下蹲，双掌合什置于胸前，两肘向外展端平，手指分别相对向上，中指尖高不过鼻。闭目合口，面带微笑，呈骑马蹲裆式。

第二种姿势。下肢姿势不变。双臂弯曲环抱，十指张开，手指尖分别接触相对呈蛋圆形。

不过在选择姿势方面，也要因人而异，因病纳式，不必生搬硬套，选择其中一项就行。

站桩初期，一般人由于没有基础功底，心有杂念，会不习惯这种安静练法。有的心乱如麻；有的性情急躁缺乏耐心，只练几分钟，就觉得腰酸背疼难忍，非动不可；有的对功效有疑惑，怀疑效果能否像说的那么好等，这对练站桩都有影响，应该尽力避免为宜。

对效果有怀疑好办，可找练过站桩的人谈谈，多了解一些有关情况和问题。若别人说好，又符合本身需要，就应当认真练习 1~ 2 个月，体验体验效果到底怎么样。

若不见什么效果，再检查一下自己，在选定姿势和练法方面，与要求是否有一定差距；若是效果好，那就下决心，有恒心，有信心，长期练下去。

做事总有开头难，世上伸手可得的好事太少了。常言说："不受苦中苦，难得甜中甜。"天上不会有往下掉馅饼的时候。这对初练者来说，有些困难是自然的。所以说，要想练好气功站桩，首先就要求能吃苦耐劳，有耐心，不操之过急。

初练应本着先易后难，循序渐进，慢慢练的原则。开始阶段，不要求往下蹲，能安下心来坚持往下练就行。练几分钟，停下来休息一会再练，也无碍大局，能做到什么程度就算什么程度，到实在坚持不下去时，也不必硬撑着，苛刻自己。如果能坚持的话，情况就能有所改善，闯过初练困难关就好多了。

笔者在开始阶段，由于练功不得法，没有功底，有些性急，求功心切，在那儿一动不动，"呆若木鸡"似地矗立着，心情紧张，练不到 5 分钟就开始出汗，再练下去就从脸上往下直淌汗，大汗淋漓，湿透衣服，睁不开眼睛，甭提多难受了。后来感悟到将呼吸结合进去锻炼，逐渐放松，动起来就好多了。坚持练不到半年，反而越练越想练，越练越爱练，每次练都觉得时间很快，不知不觉 20 分钟就过去了，有时还感觉不过瘾，不愿停下来。

身体素质好，又较健康者，最好是选择站立姿势，如图 15。

图 15

采纳站立姿势，身体有三个支撑点（脚掌贴地两个，手掌合实处有一个），俗称“三足定则”，有稳定性。一开始就容易找到“肺主气、司呼吸”的关键。有利于身体重心直接落在足心虚涵处，前后受力均匀，向左右转动灵活，前后动适中，向上下活动方便，而且有利于掌握身体平衡，更有利于站桩期间产生的活动与呼吸相结合；呼吸容易促进活动，活动加深延长呼吸，促使血液循环加速，减轻疲劳程度。

站好姿势，闭目合口，入静 1 分钟，心想从脚掌开始提气（吸气）。随吸气将两臂抬起环抱，双腿弯曲，十指相对接触。慢慢吸，慢慢呼，再慢一点吸，慢一点呼，先从脚腿动，到全身动起来。气沉丹田，吸气，手臂向上举，身体后仰面朝天，臂外展帮助吸气，用丹田抑制呼气，使气只吸不呼，肩膀放松，低头。由吸气转向呼气，随呼气手臂下落，用丹田抑制吸气，就能自然上下颤动，肘外展再缩回来，两臂贴身。再抑制吸气，慢慢转向呼气，随慢慢呼气慢慢下蹲，转身放松，腰椎蠕动，两臂划弧，弓腰点头经多次呼吸，推动上肢做各种动作，再用那些活动延长呼吸，抑制呼吸，以防止吸进的气跑出体外，使气只吸不呼或只呼不吸，这么就能形成一种特殊力量，引导气机更加活跃起来，促使身体不是向前动就是向后动。膝关节向前，身体就会自然向后仰；膝关节向后动，身体就自然向前倾；腿由弯曲到伸直，身体便从下向上动，两臂也能随下肢动而上下颤动，头晃动等。这些动作都是顺其自然形成的。

当身体向右动时，左面瞬间可以得到休息；向左动，右面瞬间可以得到休息。向上动，由于气机的推动作用，会觉得很轻松省力；向下动，下肢瞬间可以得到休息，脸上不时产生如虫爬、叮咬、酥麻的感觉，血在头、手尖流动的感觉很明显。气功站桩，既是在锻炼，也是在休息，在锻炼期间筋骨肌肉能得到放松。

从动静的关系方面讲，动是由静产生的，静到一定时候必然动起来。如，用吸气能帮助两臂抬高省力（吸气易升）。抬高到一定程度时静下来，静到相当时候就能自然下降（呼气易降），再有惯性力的驱动，臂就能自然往下降；转动时，由于身子柔韧有弹性的作用，一转动，就能自然转回来恢复原位。

气功站桩的特点是意、气、形三统一，调整阴阳平衡的活动，其目的旨在多汲取大自然中的营养，排出体内废气物质，是“天人合一”的一个典范。不过，在锻炼期间，必须以内气活动为主促使运动，全身放松活动起来，防止呆板僵硬、一动不动地站立着。

阴阳五行功与气功站桩密切相关，练法是一致的。它们好比是同一个树根上长出来的两个“枝桠”。练气功站桩，也是在练阴阳五行功，能练好气功站桩，就能练好阴阳五行功。二者唯一不同的地方是，练气功站桩时两脚掌不离地面，练阴阳五行功，用一只腿站稳支撑体重，将另一只腿抬起来，两腿交换支撑改变步伐练习。练过这个，再练练那个，不但能收到“相得益彰”的效果，而且还有相互促进作用。

练阴阳五行功，最好是先从练气功站桩开始，练到最佳状态时，将一只腿抬起来，四肢变换着做各种各样动作，即是在练阴阳五行功。练阴阳五行功时，练到某合适姿势时，两脚踏地不离地面继续练，也是在练气功站桩。这两种方法交替锻炼效果更佳。

练习时必须做到，在入静状态下，呼吸与运动结合起来，意想用丹田慢慢呼吸，用丹田或动作改变抑制呼吸，多次抑制呼吸；在动作改变的瞬间放松关节肌肉，使姿势正确、动作连贯下去。还要注意，练完之后要收功。收功就是要活动活动身子，搓搓头，睁开眼睛，目视远方，向左右环视几次，用手掌拍打拍打四肢，散散步，压压腿，放松放松。

第五章　保健养生

《黄帝内经·天真论》中提到，古代深懂养生之道的人教导普通人的时候，总讲到虚邪贼风等致病因素应及时避开，心情要清静安闲，排除杂念，少欲望，使真气顺畅，精神守于内，掌握天地阴阳变化规律，锻炼身体，使筋骨肌肉与整个身体达到高度协调，情绪安定没焦虑，无论吃什么食物都觉得甘美，随便穿什么衣服也都能感到满意而愉快地生活。

现代科学越发达越验证了传统养生理论的完整性，科学的重要性。东晋著名思想家葛洪提出，长生不老是不存在的幻想，但延长寿命却是真实的。延长寿命的理论和方法尽管很多，但一个基本的事实却是公认的，即人的生活习惯，尤其是饮食习惯，可以延长和缩短人的寿命。

饮食又称“膳食”，是指人们通常所吃的食物和喝的饮料。人们通过饮食获得所需要的各种营养素和能量，维持生命活动。

合理饮食，能使人得到充足的营养，提高健康水平，预防疾病的发生发展，延长生命。不合理的饮食，即营养过度或不足，都会给健康带来不同程度的危害。如饮食过度，营养过剩，脂肪在体内堆积，容易导致肥胖症、糖尿病、胆结石、高血压等病症发生。饮食若是长期营养不足，可导致身体体质下降，无力，贫血，多种元素缺乏，抗病能力差；饮食不讲卫生，食物上带的细菌、毒素，随食物进入体内，严重危害健康，这些说明吃与人的健康最为密切。这意味着，吃，能吃出健康来，也能吃出疾病来，关键就在于吃什么，怎么吃，吃多少。

一、合理饮食

《黄帝内经》中记载："五谷为养，五果为助，五畜为益，五菜为充，气味合而服之，以补益精气。"这就是说，人们须以谷、肉、果、菜之类的食物互相配合来补充营养，增强体质。进而又有"谷肉果菜，食养尽之，勿使过之，伤其正也"，这是告诫人们，谷、肉、果、菜虽为摄生之物，其性有温、热、寒、凉、平之不同。味有辛、甘、酸、苦、咸之别。如果偏食或过食，非但不能补益，反而有伤正气，不利于健康。

（一）食物要多样化

人，属于杂食动物，时至今日，人们还没有研究和发现一种食物能包含身体所需要的全部营养，所以关键在于食物要多样，同时在人体的生理活动需要和膳食营养供给之间建立起一种平衡关系。

科学家研究认为，主食应以粗粮为主，细粮为副，粗、细粮搭配为佳。副食，稍以素食为主，荤素搭配为宜。

人体必需的营养素有蛋白质、脂肪、糖类、维生素四大类，以及无机盐、水、矿物质等。

蛋白质，是生命的物质基础，是保持身体活力、抗衰老不可缺少的重要物质，没有蛋白质就没有生命活力。蛋白质的来源，一是动物性食品，如奶类、蛋类、肉类、鱼虾、禽肉类；二是植物性食品，如谷类、豆类、蔬菜类等。

脂肪，是细胞的主要成分，它提供人体热量和必需的脂肪酸，与生长发育及寿命的关系很大。脂肪，包括动物脂肪（猪油、肥肉等）与植物脂肪（花生油、豆油、菜籽油、芝麻油等）两大类。

糖类， 可供给人体所需的热能，构成身体组织，维持心脏和神经功能，以及保肝解毒等。主要存于谷类、植物根茎、水果、蔬菜中。

维生素类，是维持生命不可缺少的营养素之一。其中维生素 A，具有防治夜盲症，增强对传染病的抵抗力，促进生长发育的作用；于肝脏、鱼肝油、奶类、蛋类、深绿叶蔬菜、桔、杏、柿中较丰富。维生素 B_1，有防治神经、脚气病，增强食欲，促进生长及维持正常糖代谢等功效；它存于全谷物及豆类、动物内脏、蛋类中。维生素 B_6，能预防动脉粥样硬化，降低胆固醇，阻止血小板聚集，对预防脑血栓形成有一定效果；存于谷类、豆类、蛋黄、肉、鱼、奶类、花生中。维生素 B_{12}，对防止老年人贫血、肢体失灵、痴呆症、器官老化有效。维生素 C，能增强抵抗力，预防冠心病和肿瘤，延缓衰老；人体缺乏维生素 C 时，会增加心肌梗塞和脑梗塞猝发的危险；新鲜蔬菜、柑桔、柚、西红柿等维生素 C 含量丰富。维生素 E，可防治动脉粥样硬化，抑制脂褐质形成，预防衰老以及心脏病变；维生素 E 多存于各种绿叶蔬菜及植物油中。

无机盐，是构成人体组织的原料，约占体重 4%。

为保证健康，饮食之品种要多样，保持营养平衡，摄入糖、脂肪、蛋白质的比例一般为 0.58∶0.30∶0.12；提倡多吃天然食品。哪些食物含糖类多，有多少；哪些食物含脂肪多，有多少；哪些含蛋白质多，有多少。哪些食物含维生素多，有多少，对普通人来说，了解一些也有好处。

主食方面 ，粗粮（包括玉米、小米、黄米、高粱米、薯类、豆类等）与细粮（主要包括大米和精面粉）要搭配适当食用，能起到营养互补作用。一般以 6 份粗粮、4 份细粮为适宜。因为粗粮中拥有许多细粮中没有的营养，含膳食纤维较多，含 B 族维生素也丰富。粗粮还具有润肠通便，减肥，防治高血脂，降低胆固醇，防治动脉粥样硬化等价值。粗粮还具有药用价值，如荞麦含有其他谷物所没有的“叶绿素”和“芦丁”，可以治疗高血压；玉米可以避免患大肠癌，还能有效地防治高血脂、动脉硬化、胆结石等。牛奶豆浆等，既有营养，又容易消化吸收。宜少吃油炸、烧、烤、煎、油腻食物，少吃有很大刺激（腥味、辣味等）性的食物。

副食方面，荤素要搭配适当，清淡为好，以免肥胖、血脂升高。食用油要以植物油为主，动物油为辅，食用之比例最好为植物油 2 份，动物油 1.5 份，可起到互补作用，也不要长时间进食植物油。

蛋类。禽蛋味美，营养丰富，是优质的蛋白质而且价格适中，食用方便。

肉类，从高蛋白、低脂肪角度排列，则是兔肉、牛肉、鸡肉、鸭肉、猪肉。

鱼类。鱼类含有人体所需要的营养非常丰富，尤其是鱼头更好，人体所需的 8 种氨基酸都有。

蔬菜。 蔬菜颜色与营养的关系不仅密切，且有某些科学的规律性。白色蔬菜成分以糖、水为主，营养素较少。黄色蔬菜，营养价值比白色蔬菜略高。红色蔬菜，如西红柿、胡萝卜等，营养价值高于黄、白色蔬菜。绿色蔬菜，如芹菜、油菜、空心菜、青椒等，含有丰富的维生素 B_1、B_2 和 C，还含有多种微量元素，营养价值又高于红色蔬菜。

要多吃蔬菜水果。蔬菜的选择，最好选用新鲜蔬菜，现购现用，能促进钙的吸收，对骨质基质形成有利；水果含维生素和无机盐较丰富，尤其是维生素 C 很多，有较多的纤维质、果酸，均能促进胃肠蠕动，助消化吸收、大便通畅。

苦瓜、西红柿、南瓜、胡萝卜等几种蔬菜要经常吃。吃苦瓜，具有促进食欲、利尿活血、消炎、退热、提神醒脑、降血糖的作用。西红柿含有十分丰富的蛋白质、脂肪、碳水化合物、尼克酸、胡萝卜素、维生素 B_1、B_2、C，还含有促进青少年生长发育的矿物质，以及抑制细菌生长的番茄红素。《陆川木草》一书记载，西红柿具有健胃消食、治疗食欲不振的作用。对消化功能差，或多食荤腥油腻食品的人，在饭后进食西红柿特有益处。近几年来，科学家们发现，西红柿中还含有一种抗癌、抗衰老物质——谷胱甘肽，临床测定，它可以防治癌症。

南瓜，甜美可口，含有极其丰富的维生素 A；预防感冒，有美容、健身的效果；预防角膜干燥、夜盲症；能促进人体胰岛素正常分泌，防治高血压以及肝脏和肾脏的一些病变；能增强抗贫血等作用。

胡萝卜，誉称“小人参”，富含胡萝卜素，远比其他蔬菜多，常吃它，一是增强免疫力，抗癌防衰老；二是能满足人体对维生素A的需要，不仅能养眼，而且能提高免疫力；三是可以保持光彩照人的年轻形象。

人到中年以后，体质、消化功能逐渐下降。身体胖或者患有心脑血管疾病者，宜少吃荤油副食，适当进食肉、鱼、蛋类。饭食要节制，不要吃得太好、过饱，如果每餐都有鱼、肉、蛋、奶及其他高热量饮食，时间长了，最容易患高血脂、动脉粥样硬化和肥胖症。要做到不偏食、不挑食，即爱吃的不多吃，不爱吃的也不少吃。

以蜂蜜代糖有益健康。因蜂蜜中含有天然转化糖和许多生物活性物质，易消化吸收，而老年人活动量减少，胃肠消化功能减退。蜂蜜是防病健身的佳品，医学家认为蜂蜜中含有大量钾，钾离子进入人体后有排除钠离子的功效，维持血液中电解质平衡。对患有高血压性心脏病或动脉硬化的老人来说，常吃蜂蜜可起到保护血管、通便、降压的功效。对患慢性肝病、肺病、久咳之人，食用蜂蜜，能增强体质，收到良好效果。

在进食时要注意做到细嚼慢咽。细嚼慢咽，不仅可以充分嚼碎食物，而且可刺激唾液腺，分泌唾液增多，促使唾液和食物充分接触，有助于食物消化吸收，防治胃炎和胃溃疡发生，也有助于解毒和预防癌症。节食能提高体内胰岛素激素分泌，有助于防治糖尿病、肥胖症和高血压。缓食能使胃、胰、胆等消化腺得到和缓刺激，令其不断分泌消化液。进食避免“狼吞虎咽”，有助于防治肝、肾功能损害，有助于细胞修复和再生。

（二）调五味，少吃盐

食物中的酸、甜、苦、辣、咸对身体的影响作用各有不同。吃得适量有益，否则，有损健康。

《素问·生气通天论》中说：“味过成，大骨气劳，短肌，心气抑。”现代医学证明，如酸味过重易损脾脏，会加重胃溃疡；甜食吃得过多，易升高血糖，患糖尿病，诱发动脉硬化；苦味吃得过多，会伤肺和引起消化不良；辣味吃得过多，对心脏有损害；咸味过分，会加重肾脏负担，或诱发高血压。因此说，各种味道的食物均应当适中。

（三）一日三餐，定时，定量，保持营养平衡

早餐吃好。一日三餐早餐最重要。每天坚持用早餐，是延年益寿的要点之一。早餐与头一天晚餐间隔时间多在 10 小时以上，胃处于空虚状态，不吃早餐会使人体血糖下降、精神不振等。早餐吃好是指早餐应吃一些营养价值高、少而精的食品。因为经过一夜的睡眠，头一天

晚上进食的营养已基本消化没有多少了，只有早上及时补充，才能满足上午工作、学习、劳动的需要。若长期不吃早餐，不但影响健康，还容易患胆结石。

午餐吃饱。午餐吃饱是指午餐要保证充足的质与量。因为午餐具有承上启下作用，既要补偿早餐吃得少上午活动量大，能量消耗大的空缺，又要为下午消耗储备能量。因此饮食的品质要高，量也相对要足。这也就是说，午餐主食的量要大一些，最好掺些杂粮，副食的花样要多一些。

晚餐要吃少。晚餐吃得过饱，血中糖分、氨基酸、脂肪酸浓度会增高，多余的能量容易转化为脂肪使人发胖，不能被消化吸收的蛋白质，在肠道细菌的作用下，会产生一种有害物质。这些物质在肠道长期排不出去，易诱发大肠癌。

老年人由于体质衰弱，消化功能下降，除注意上述合理饮食以外，在进食方面，应多吃软食，如面条、稀粥等，晚餐更要少食。

（四）多饮水

人体内的水分约占体重60%。水不仅是人体所必需的营养素，还能帮助器官消化、吸收、摄入养料，食物消化吸收、血液循环、排解毒素和糟粕等都要有水的参与才行；水还有调节体温、保持热量均衡、润滑组织、防止器官之间发生摩擦，降低血压，减少心脏病的发生的作用。

体内若是保持有足够水分，能促使皮肤滋润、水灵，有光泽而减少皱纹，否则，可使气血滞塞，无力将身体所需的营养输送到各器官组织。如果长期缺水还可能加速身体老化。所以说，水在体内的作用，毫不夸张地讲，不愧是杰出的化学大师，卓越的清道夫和生命卫士。水对生物很重要，但喝水也要有讲究。

第一，沸腾过较长时间的温水不喝；装在热水瓶里已好几天的水不喝；重煮过的开水不喝。原因是水中所含的几种重金属微量分子增高了，对肾脏不好。

第二，人每天饮多少水适量？医学专家认为，一天平均摄取 2.5 升左右的水比较适宜。饮水也要有规律，一天饮 4～5 次为宜。不能感到口干渴时才饮，尤其是早晨起来时，空腹饮一杯温开水，再走出家门活动才好。因为清晨时，由于人在夜间滴水未进，加上尿的形成和排出，身体相对缺水，血液浓，血流缓慢，血脂、血黏度相对增高，代谢废物积聚。此时若是喝杯水，可以增加尿液排毒，降血脂、血黏度，濡润、洗涤肠胃，稀薄血液，使血流畅通，助消化吸收，有助于降低血压，可预防便秘、心绞痛、心肌梗死和脑溢血，增强肝脏解毒功能以及肾脏的排泄能力，对防“三高症”有一定作用。

但是，对心脏功能衰竭病人、肾功能不好、浮肿患者却不宜喝水过多。晚睡前也应该少喝水，否则，会容易起夜多，影响睡眠质量。

二、讲卫生，防止病从口入

鲜木耳、鲜黄花菜、青西红柿、土豆芽、鲜蚕豆、腐烂的生姜、溃烂的蔬菜、变质白木耳等，有毒不可吃。

首先说溃烂蔬菜，如菠菜、莴苣、萝卜等菜含有硝酸盐物质，储藏太久的话，会发生腐烂变质，将硝酸盐还原成亚硝酸盐，这种物质摄入人体以后，可使血液遗失携带氧气的功能，酿成人体缺氧，引起头痛或头晕、反胃、呕吐心跳加快、抽筋等症状；腐烂的生姜，会产生一种叫黄樟素的致癌物质；青西红柿含有生物碱，食用后可导致中毒；鲜木耳中含有一种光感物质，一般人食用后会随血液循环散布到人体表皮细胞中，受太阳照射后，会引发日光性皮炎，还易被咽喉膜吸收导致水肿；发芽土豆会产生大量的龙葵素，食用后会中毒。

为防止病虫伤害蔬菜的生长，菜农多半都往蔬菜上喷洒农药。为避免吃菜引起残留农药中毒，在吃用前，菜一定要用水洗泡干净，最好是先用盐水浸泡消毒后，再用清水冲洗干净，无论生食或炒食，都用开水烫一烫，既可使菜茎翠绿，又可除去残留农药。

三、要对症进补

人到老年，多半疾病缠身很痛苦，想解除痛苦，健康起来，吃些滋养品和药，补补身子，多活几年之心情是可以理解的。但是，进补应根据本身体质需要， 最好是到医院经过大夫诊断，缺什么，补什么，防止贪多求快，望名施补，盲目进补。若妄动行事，不仅浪费钱财，还可能延误治疗。所以在选购之前，切记辨别真伪。也不要受一些无法证实的夸张宣传和买几送一的诱惑而盲目购买。

四、防“三高”

所谓“三高”，是指高血压、高血糖、高血脂三种疾病的统称。“三高症”对人的危害性很大，只要患上其中一种，就容易并发动脉粥样硬化，导致脑血管变窄，进而患上冠心病，或脑卒中、脑出血等心脑血管疾病。

首先说高血脂，是“三高”中的最罪魁祸首，是脂肪肝的孪生兄弟。也就是说，高血脂与脂肪肝往往同时相存，或者一先一后发生；高血脂常伴有糖尿病，诱发胆结石等。

“三高”症有个共同特点，那就是早期毫无症状和感觉，很容易被忽视。当发展到中期以后，却日趋严重，如得不到有效控制或治疗的话，就很难治愈，甚至危及到生命。

防治“三高”症的主要措施是，生活要有规律性，管住嘴，放开腿，多喝水，讲卫生，营养合理，副食以清淡为主，少吃盐，少吃高脂肪油腻和油炸食物，把被动治疗变为主动预防。

服药方面，为减少斑块破裂，比较重要的是用降低胆固醇药。如果斑块已经破裂，服用 “阿斯匹林”可有效预防心脑血管疾病。对已被诊断为冠心病、脑中风者，只要没有出血性疾病或用阿斯匹林过敏患者，可以长期服用小剂量（3 粒）阿斯匹林。

五、保持良好心态，不生气

《黄帝内经·举痛论》中这样记载：怒则气上。意思是说，一发怒，气会往上走，有脑梗塞类的病人，发怒的话，脑血管容易破裂，还会导致胃气不降，出现呕血，大便不成形现象或者食谷不化，吃什么排什么。从中医角度讲，气愤之极可使大脑思维突破常规活动，控制不住自己，往往做出鲁莽或过激举动。这种反常行为，又形成对大脑中枢的恶性刺激，气血上冲，导致心跳加快、心慌、胸闷、胃痛、诱发脑溢血等。

爱生气者，往往性格急躁，缺乏涵养，心眼小，爱与亲人动怒发火，不会爱护自己，常为一些鸡毛蒜皮小事动怒，使自己处于紧张状态。遇到不顺心、不如意之事，要能忍则忍，千万别生气动肝火，否则，这就有可能是患病之源。

一旦想生气发火时，建议你离开是非之地，双手举过头顶，做深呼吸，调节一下情绪。

以清代东阁士敬铭写的《不气歌》提示自己：他人气我我不气，我本无心他来气，气出病来无人替。请来医生将病治，反说气病治不易。气之危害太可惧，诚恐因气命要去。我今尝过气中味，不气，不气，真不气为宜。

具体来讲，若做到以下几个方面，对己、对家人都有好处。

（一）保持家庭和睦

保持家庭和睦对身心健康的影响很大，尤其是老夫老妻互相关爱，是过好晚年生活的根本保障。

俗话说得好，“一日夫妻百日恩，百日夫妻似海深”。为抚养儿女，夫妻风风雨雨，同甘共苦，情投意合，终身伴随，相依为命几十年，心心相印，是任何人也代替不了的。所以说，有老伴儿的关爱存在就是福，就能享受到天伦之乐，多活几年，而活得有滋有味，因此夫妻间应该相互尊重、爱护。

为家庭和睦幸福，对子女后代要有宽容心，多沟通思想。因为两代人之间生活消费方式不同，对一些问题有不同理解和看法，也属于正常现象。这就得多沟通，多理解，多支持他们的工作和学习。关于生活诸方面问题，不要多管闲事，指手划脚地说这，说那，这也不随心，那也看不惯。一不如意，就发脾气，生气上火。

中医明确指出，“怒伤肝”，“多怒则百脉不定”。愤怒时机体处于一种应激状态，过分愤怒，会使血压升高，血糖上升，容易患糖尿病，肾上腺素反射性地加速分泌，引起心动过速、气促、焦虑不安，就容易失去理智，产生偏激、过火行为，因小事而乱大谋。

在家不讲资格，倚老卖老，指责压制别人。尤其是在婆媳关系方面，要真心实意地对待媳妇，当公婆的要想得开，为关爱儿子，对媳妇要比待自己儿子还疼爱才行。

在说话时要多注意一个“忍”字。倘若你是一个真正节俭发善心的老人，再加上讲究方式，以真心实意对待别人，做任何事都会势如破竹般那么顺利，媳妇当然也就会主动孝敬公婆，老人就会有个好心情而感到满意、欢心舒心。

（二）发善心多做好事

一个处处与人为善之人，心中无敌，寝食安宁，心情平静，便会有个良好的精神状态，广交朋友，越走越觉得心情宽广、亮堂。

人的一生，同社会有着千丝万缕的联系，今天不是与这个人有交往，明日就同那位有联系。与邻居，抬头不见低头见，要想有个好心情，就必须与人为善，多帮助别人。

社会心理学家认为，一个人心中充满善意与行善事，使他人能摆脱困境，心中必然会有一种欣慰感，成为自己的一种精神鼓舞力量。这不仅是自我完善的催化剂，更是自我的养生素，能增强免疫力，不生病，使人看起来生气勃勃，充满自信，也会感觉到生活充满阳光和希望。而缺乏道德修养之人，极易与人发生争斗，心里不平静，对身心健康十分有害。

（三）淡泊名利，生活不攀比

淡泊是一种襟怀坦白、良好心态和高尚品德。有了这种心态，就不会在世俗中随波逐流，追逐名利。忘记过去那些不愉快之事，就不会对身外之物得到大喜，失而大悲；就不会对世事、他人牢骚满腹，否则，那就等于在伤害、折磨自己。

淡泊名利的人，可使自己始终处于平和状态，保持心理平衡。科研证明，所有长寿处方中，心理平衡是主要的。心理平衡的作用，超过一切措施或保健品。心理平衡，才能有生理平衡。有了生理平衡，人的精神、内分泌系统、免疫、各器官代谢功能处于最佳状态，疾病就会减少。因此说，谁能保持心态平衡，有个良好心态，谁就等于掌握了生命的主动权，就会对荣华、富贵、贫穷、诽谤、嫉妒、酸楚等一笑了之。

人活着就图个逍遥自在，乐观轻松，不应欲望太多，思虑过度，不然就可能有精神压力，影响健康。

对生活不要求过高。收入是一定的，应该节俭，不与别人攀比。若比，应与低水平生活人相比。与旧社会、长辈人相比。有这种可贵性格的人，往往是无忧虑、无烦恼、无痛苦，凡事想得开，认为生活中没有过不去的“火焰山”，即使遇到再大困难，也能正确对待，坦然处置。有这种乐观、稳定性格的人，可以激发体内活力和潜能，对整个中枢神经系统有协调能力，在这种状态下，便可以保持精力充沛，思想活跃，性情开朗，对生活充满欢乐和信心。

（四）保持乐观情绪

生活要多样化。人，若是陷入到单调、陈旧、老一套的生活方式中去，就会感到沉闷不乐，甚至处于痛苦之中，感到乏味，活得没意思。

人为什么会痛苦，就在于追求那些不现实的东西，错误的思想过多，贪婪过度，胡思妄想。为避免这种不良倾向，在生活方面，不要用别人的优越生活条件来对照自己，也不要以自己的生活方式标准去衡量、要求别人。应检查自己，有哪些欲望和妄想是不该有的，把自己的欲望降到最低点，与思想积极向上的人相比，您才能有知足者常乐的好心情。

生活多样化对老人来讲，最好是要做到勤动脑，多思考，勤走走，多看看，多与别人接触谈谈，交朋友。总之，别闲着，在家多做些力所能及的事。只要身体条件允许，本人之事，尽力自己去做，不依靠别人，多帮助别人，同懒惰、懒散、无所事事的思想行为做斗争。尤其是退休以后，生活有保障的那些老人，要避免过分安逸、享受，若是有养尊处优思想，便有可能产生“恋床”的习惯，不仅仅影响血液循环、新陈代谢，还容易打乱“生物钟”，夜间睡不着，出现烦躁、焦虑和抑郁等不良情绪，导致对生活失去兴趣，不利于疾病痊愈，不仅影响康复，还会使身体加速老化，患上痴呆症、脑早衰等疾病。

（五）多看书学习

古人云："书中自有黄金屋，书中自有颜如玉。"意思是说，读书可以增加情趣，陶冶情操、修身养性。读到一本好书，能使人心旷神怡，远离尘世，就像练气功"入静"时那样，与自然和谐统一。

老子说，"学就是不断地向外界探索亲知，应该活到老学到老，因为知识从宏观意义上讲，它能使人们对自身和宇宙的认识更接近真理"。

老年人学习也很重要，关键是要考虑好，应该根据本人需要，学习哪些知识。年轻人重视学习，能紧跟时代步伐发展。老年人重视学习，不仅能增加知识，接受新事物，开拓思想，还能减少寂寞；多动脑筋，能预防脑萎缩、老年痴呆症，也有助于提高生活质量。尤其是多学些养生、保健方面的知识有好处。

要有正当爱好。何为正当爱好？作为老年人来说，养鸟、养鱼、养花、爬山、旅游、游泳、绘画、钓鱼、练书法、看书剪报、写作等，都属于正当爱好范畴。

正当爱好，起码能避免头脑空虚，将怀旧心理，对子女牵挂心理，"人老珠黄，风烛残年"的悲观心理，统统抛在脑外。千万不要有无所事事，认为自己已经这么大岁数了，还能活几年，再学也没有多大意义了的想法。

六、注重睡眠

古人说："眠食二者为养生之要务。""能眠者，能食，能长生。"运动可祛病延年益寿，是抗衰老的良方。而睡眠对健康的影响毫不亚于运动，所以就有人说，会练不如会养，会养不如会睡。

当人体在睡眠状态时，外部活动停止，全身放松，血液主要集中到各个脏器，脏器在充足血液供给的条件下，对身体内部能进行很好地修复和补充，久而久之，各种疾病荡然无存，头脑清晰，精力充沛，情绪好，工作、学习效率也会大增。

中医认为，睡眠能养气、健脑、滋血、健脾益胃、补精、平衡阴阳、消除疲劳等，可见睡眠十分重要。古人认为、人生百年，夜居其半，重视睡眠，古今有之。

人，白天劳动、学习、工作，消耗大量能量，晚间睡眠好，各组织器官所消耗的能量便能得到恢复和补充，头脑清醒，为第二天活动储备新的能量，有充沛精力做好一切。否则，夜间失眠、睡不好觉、得不到休息，直接影响到大脑功能，往往第二天就会头昏脑涨、全身乏力，若是短期问题还不大，如果长期失眠下去，很容易导致免疫力下降，诱发疾病，这方面出现的问题屡见不鲜，那么怎样才能保持良好睡眠呢？

首先，要按时就寝起床，防止“生物钟”紊乱误事。每天晚上要定时就寝睡眠，如太晚，容易打乱生物钟，难以保证足够的休息恢复精力。睡眠最好是自然入睡，自然醒来，睡得安稳深沉，这样才有助于恢复体力和增强器官功能。

睡眠环境须安静，床铺要舒适，枕高要适中；姿势要正确（一般是弓腰、蜷腿、侧卧）；为松弛紧张情绪，晚餐半小时以后，可散步或慢跑20分钟；有条件者，临睡前再喝一杯牛奶；晚餐不宜过饱，否则，会让废气滞留引起腹部发胀，影响睡眠质量。

睡眠时间要适宜。睡眠虽然对身体有许多好处，但也不是说睡的时间越长越好。如贪睡，睡的时间太长，与失眠一样，也会引起疲倦，使肌肉、筋骨活动减少，血液循环减慢，脑细胞得不到足够的氧气，久而久之，有可能导致恋床不爱起来活动，出现身体功能下降，软弱无力，惰性增加，呆滞，加速器官衰老，从而产生疾病。至于睡多长时间为宜，现代医学研究证明，年轻人一天要睡足8小时，学生睡眠时间应再长一些（以上各年龄段的人们，还应午睡40分钟以上时间），老年人睡6小时以上就可以了。

其次要注重午睡。古医书《老老恒言》中说："每日时至午（中午），少寝以养阳；每日时至子（傍晚），熟睡以养阴；阴阳能平衡，病邪就难侵。"民间也有会吃不如会睡的讲法，白昼欲睡午时，黑夜宜睡子时，可强身健体，有益寿之作用。

现代医学认为，中午是人体警觉自然下降期，在此期间，做40～60分钟睡眠休息，不仅是下午工作的需要，而且也是人体生理所必需的。午睡40分以上，脑细胞活力可以迅速增强，人之大脑经过午睡休息后，比午睡前清醒许多，还能弥补夜间睡眠不足，消除大脑疲劳，从而有益健康。

睡前坚持用温热水泡泡脚。我国民间总结说，用45～50℃热水洗脚好处多。春天洗脚，温阳固脱；夏天洗脚，暑热可祛；秋天洗脚，肺润肠濡；冬天洗脚，丹田温灼百病消。只要能常年坚持洗脚，活血散淤解疲劳，胜过补药。

从养生理论方面讲，睡觉前夕，用温水泡泡脚容易消除疲劳，有助于睡眠。因为脚离心脏最远，而负担最重，最容易导致血液循环出问题。医学典籍记载："人之脚，犹似树之根，树枯根先竭，人老脚先衰。"人体脚上有6条主要经络，包括3条阳经（膀胱经、胃经、胆经）的终止点和3条阴经（脾经、肝经、肾经）的起始点。人体五脏六腑在脚上都有相应的投射区域，如头部的投射区在脚趾，胃的投射区在脚掌内侧，肝的投射区在脚掌外侧，生殖器的投射区在脚跟部，肾的投射区在脚掌心的涌泉穴。坚持用热水洗脚，可以促进心肾相交，心肾相交意味着水火相济，对阴阳相合有促进作用。因此，用温水泡泡脚也就刺激了6条主要经络、有关反射区和许多穴位。所以人们常说的那句话“富人吃补药，穷人常泡脚”，是有道理的，尤其是现代人们大量使用空调，爱吃凉的食物，体内多寒，用温热水泡脚15分钟以上，可以加速体内排寒，增加血液循环，舒经活络，颐养脏腑，益智补脑，消除疲劳，改善睡眠。泡脚之后再做几分钟脚部按摩，效果更好。

七、按气候变化养生

《黄帝内经》中说：“虚邪贼风，避之有时。”一个人的生存和自然界是密切相关的，人能适应四时气候变化，则自然界便可成为他生命的源泉。

生物在生活中都有自身最适合的温度。人体正常体温为36~37℃（腋窝温度），在这种环境下肌体代谢活动处于最佳状态。马悦凌先生在其所著的《温度决定生老病死》一书中提到，自然界中的四季温热、冷湿和朝夕光热的强弱，随时都在影响着体温，由此可知，人体内部虽然存在着适应自然而灵敏度很高的信息传递和调节系统，但是，也要注意体温始终保持在正常范围以内，否则，就可能导致疾病。古人早就认识到这一点，所以就根据一年四季气候变化养生，使身体同大自然的变化相吻合，从而适应大自然的变化生存下来。

四季养生，保持正常体温，应根据季节气候的变化，采纳不同饮食营养，及时增减衣服，尤其是年老体弱者要特别注重天气变化。要多关注电视的“天气预报”，若第二天天气突然变了，凉了应赶快补穿衣服，热了往下脱，否则，便容易感冒，甚至导致老病复发。四季养生，具体来讲：

春季，气候冷暖变化无常，俗话说得好，“春天小孩儿脸，冷热随时变”。特别是在早春，遇到晴天风和日丽，很好，逢到阴雨连绵，则寒气袭人，人就会感觉很不适应，容易患病。因为早春虽不像严冬那么寒冷，但由于人们的穿着和精神缺乏御寒的准备，再加上在冬季养成的耐寒能力又有所下降，则寒气就会乘虚而入，病菌、病毒等病源微生物侵入人体，特别容易导致流感、流脑、呼吸道传染病、病毒性肝炎等发生。

为有效地抵御上述疾病的产生，早春需要注意的问题，就是不忙于往下减衣服，做好预寒准备，在膳食中应多吃鸡、鱼、肉、豆制品。如果感到口苦，可吃小柴胡丸或冲剂；有肩膀酸痛、偏头疼、乳房及两胁胀痛，可选加味逍遥丸；腿老是抽筋、腹泻、困倦，也可服逍遥丸、参苓白术丸、大红枣等。

夏季，新陈代谢旺盛，天气炎热，易使人躁动不安。要注意保持乐观、稳定情绪，多饮水，多食清淡食物，避免长时间在烈日下工作，也不要过分使用空调，不躺在风口处睡觉，以防歪风邪气侵入伤人。

夏治冬病。冬病就是冬天易发病。如，年老体弱者“没有火力”，冬天手脚冰凉，畏寒喜暖，怕风怕冷，神倦易困，阳气不足，寒从内生。这样的人即使在盛夏，睡觉也要盖好被，不饮冰镇啤酒等饮料。要服用偏热的饮食。夏天不怕出汗，有严重膝关节炎者，在最炎热期间，穿上棉裤往下淌汗，汗水淌得越多越好，因为通过出汗可将侵入体内的寒邪排出去，会好得多，所以发汗法是排除皮肤内寒气的最好方法。

秋季。俗话说得好：“春捂秋冻，不生百病。”霜降之后，天气就转入寒秋了，自然界的秋风、秋雨，常常令人出现凄凉的感叹情绪，衣服不可一下增加过多，有意让身体冻一冻，经受寒冷之气的刺激，而其中最有效的办法是，要求起居定时，经常在外锻炼身体，逐渐增加衣服，尽量接受阳光沐浴，增强抗寒能力。

在饮食方面，吃含蛋白质高的（牛奶、鸡蛋、瘦肉和豆类）味道厚重的食物，如吃辣酱，有利于发酵和吸收食品。

冬季。天寒地冻，万物潜藏，人体新陈代谢降低，故应早卧晚起，以避寒保阳；少吃黏硬生凉食物，多喝热汤，多吃羊肉（因能助元阳、益精气），注意保暖。保暖要特别注重头和脚。

古语说，“热从头散，寒由脚起”，意指，头和脚是人体散热的主要部位。在寒冷的冬季，如只注重身上穿暖，而不注意头部保暖，人体的热量就会像热水瓶没有塞子一样，迅速从头部散失。所以出门一定要戴上棉帽和穿好合适的保暖鞋。

寒气是会沉积的，身体被寒气侵袭的地方，寒气必将气血淤阻。寒气若是停留在关节，出不去，就会疼痛，停留在经络，使经络堵塞，影响正常生活。

老年人体质虚弱，对气候变化的适应能力差，故应十分注意因时养生，尤其是到春分、秋分、夏至、冬至几个大的节气时候，须多注意加强自我保养，适应气温的突然变化，以预防心、肺、脑等器官的病变和原病复发加重。

八、闭目养生

美国哈佛医学院研究证明，安静冥想能改善大脑活动、代谢、血压、呼吸、心率，使血压下降等。

“恬淡虚无，真气从之，精神内守，病安从来。”养生要养性，养性要养神，养神要养心。闭目养生既可养心，又可养神。神，是人体生命活动的外在表现，也就是人的精神状态和思维活动表现。神在人体占首要地位，唯有神的存在才能有人的一切活动现象。

古代养生家强调指出：“神强必多寿。”这里所说的“神强”，实际是指脑神健全之意。只有脑神健全，有调节能力，才能很好地主宰生命活动，协调脏腑，使肢体运动灵活，五官通利，全身处于阴阳平衡状态，所以说，精盈、气充、神全，为养生健康长寿之基础，而调摄精、气、神的关键也在于闭目养神。

闭目养神，一是在白天，当诸事纷繁，心烦意乱，头昏脑涨，疲惫无力时，侧卧在床上，双目闭合，全身放松，排除杂念，别不再思，“养精蓄锐”，对外界嘈杂环境的干扰刺激，均无反应。意想由丹田直接呼吸。吸气，吸气，吸气，再吸气，腹部放松，慢慢向外呼气，呼气，呼气，再一次向外呼气，只要按照这个方法认真练习，思想马上就能沉静下来。因为丹田与大脑有直接关联，练十几秒钟，便能使烦躁、浮动的心，稳定住，安静下来，再坚持练习十几秒钟，全身就能纹丝不动，脑中好像一片空白，而进入一种奇特境域，消除疲倦最快，起来便觉得“茅塞顿开”。练20 分钟，比平常睡3 个小时觉的效果还好。

二是在夜间醒来（最好是在凌晨1～2点）练。仰卧床上，手置于身体两侧，全身放松，练意念循环（大周天）。练到最佳状态时，脑中一片空白，有一种天马行空、独往独来之感受。这时呼气与吸气已没有什么界线（如“胎息”），身如一缕缕轻烟在空间飘浮荡漾，心旷神怡，令人陶醉。

练周天，可使元气自然聚集在丹田处。当练到命门跳动发热时，意念随呼吸，自脚掌开始吸气，经足外踝，过小腿、大腿外侧，交于长强穴，入督脉上行，经过命门、夹脊、玉枕，到头顶百会。在百会做一次呼吸调整，调好以后，意守片刻，由吸气转向呼气。意念随着呼气前行，经过印堂（上丹田）往下行经过膻中（中丹田），到气海，到小腹，到会阴分开，沿着腿内侧，经足内踝，再返回脚掌，在涌泉穴意守片刻，也进行呼吸调整。调好之后，由慢慢呼气，转向慢慢吸气，再按照以上路线，始于返焉，循环不息。

通过长期练习，就可以感觉到意念在任、督二脉，自下（脚下）而上（头顶），从上至下循环不止。用气功术语讲，那叫“阴阳上下常升降，金水周流自往返，紫府青龙交白虎，玄关地轴合关天”，是养生保健的良好措施之一。

九、注重自我保健按摩

按摩是一种很适合老人的自我保健法，按摩在我国已有几千年的历史了。主要特点是可以增强神经功能，舒筋活血化淤，调节内脏，改善血液循环，促进新陈代谢，一些腰背、头痛、头昏等病，不去医院，不服药，自我按摩也可解除痛苦。

自我按摩方便，经济实惠，只要不嫌麻烦，做到长期坚持，对有些慢性病比服药还有效果。如揉腹按摩，可以促使胃、肠、腹肌强健，增强消化液的分泌以及肠胃的蠕动能力，促进血液循环，以利食物消化和营养吸收，对延年益寿有积极作用。

按摩，首先要找准穴位，采用正确按摩手法，力度要适中。属于保健按摩（普通按摩）的，先将手搓热，采取仰卧，用手指点上、中、下脘，再点天枢、气海、关元穴。点时要呼气，手指离开穴位要吸气。按摩腹部用手掌沿肚脐向左、右各按揉 36 圈。用左手掌贴肺部，各按揉 18 圈。用右手掌贴心脏部位，向左右各按揉 18 圈。两拇指接触，从胸口向下推任脉 6 次。用手点压、搓头部，其中包括搓耳、头发、面、颈，点按眼眶穴位；对腿部，包括大腿、小腿，足部的重要穴位按揉。坐起来用双手叉腰，用中指尖重压脊梁骨，上下搓 36 次。再按人体十二条正经，尤其是在腿部上下拍打数次，在四肢的主要穴位上按摩。进行这些项目按摩，可疏肝理气，降心火，防止耳聋，有多排气，助消化吸收，降血压，降糖等多种益处。

属于防治疾病方面按摩的，必须根据本身所患的病症，如高血压、糖尿病、腰椎间盘突出症等辨证施治。

高血压严重时，容易引起心脏病、头晕目眩、恶心、胸闷，患肾病、眼底病变等。在进行完保健按摩以后，按摩取坐位，按揉风池、太阳穴各1分钟，按压百会、天柱、大椎穴各6秒钟；按揉合谷、足三里穴等，只能缓解，不能治愈。效果比较好的办法就是敲经络(十二正经)，重点在腿内、外侧，从上至下，从下向上，逐渐敲、拍、打，不得马虎。不论血压如何高，只要是血管承受能力不成问题时，就能在安全范围以内有效果。

要求每日早晨未起床时做一次按摩，或定时做。时间一般20分钟左右，不可间断。

属于治病方面的按摩，要搞清楚自己患的到底是何病，如糖尿病，按摩时点揉脾俞、胃俞、足三里、三阴交、曲池、阳陵泉、阴陵泉等穴位都有效果。特别是通过敲经络那种长期良性刺激有较好作用。

实践证明，虽然按摩属于辅助性治疗，不能根治，但若能坚持天天按摩，不仅对糖尿病有作用，对高血压、肺心病、心脑血管疾病、肾炎等患者，均可收到良好效果。关键是长期坚持，不嫌麻烦，否则，效果就可能受影响，甚至前功尽弃。

十、生活有规律

东晋著名道家思想家葛洪提出，长生不老是不存在的幻想，延长寿命却是可以做到的。

延长寿命的理论方法尽管很多，但一个基本的事实却是公认的，即人的生活应有规律性。所谓生活有规律，是指把每天必须做的事，做一个具体计划，天天坚持做下去，如几点要干什么事，就像上班一样，到上班时间就上班，到休息时间就休息，到吃饭时间就吃饭。

《健康宝典·养生篇》讲，人体的一切生理活动不是恒时恒定的，而是起伏波动的。有高潮，有平潮，也有低潮。这种波动对人体健康的影响十分显著。

人体内有一个“预定时间表”，也称为“生物钟”，在支配着人的血压、体温、脉搏、神经、激素的分泌等波动情况。生活有规律性，能使生理活动正常，保证“生物钟”指针正点。

人各项生理机能波动的周期是不同的，有“以一天为周期的，也有以月、年、超长为周期的。不同周期的生理波动情况，便构成了美妙的生命交响乐。是健、寿、智、乐、美的基本保证，否则，身体便软弱多病，甚至早衰夭寿”。

笔者对生活有规律这个问题很重视，若没特殊或意外情况，每天大概是这么做的：

根据季节起床。春夏两季，白天时间长，早卧早起，5 点以前起床。秋冬季节，白天时间短，夜间长，6 点以后起床。在未起床穿衣服之前，利用 15 分钟以上时间进行自我保健按摩。重点是按揉腹部，其次是头部、腰部。按摩好以后起来穿衣服，下床空腹饮一杯温开水。

坚持早晨锻炼。空腹饮一杯温开水以后，穿好衣服走出家门，进行阴阳五行功和气功站桩锻炼 25 分钟左右，使清水晃动清洗肠胃，起到清道夫和帮助肝脏解毒的作用，感到精力旺盛、头脑异常清醒、舒适，便回家备餐。

工作与学习。上午 9 点至 11 点，下午 2 点至 5 点，在家干家务琐事，工作学习，娱乐活动。总之，要主动找事做，生活要自理不靠别人，千万多活动，能助人为乐才好。

注重休息。注重休息，一是指午休睡好觉。一上午的劳作，会消耗大量体力，为给下午储备能量，午睡是必须做的事。笔者在睡午觉这段时间，一躺下就能入眠，几乎都在一个小时以内，既不多睡，也不少眠。二是指晚上按时就寝。到 10 点就上床睡觉休息。在未上床睡觉以前，用温热水洗泡脚 15 分钟以上。

上述情况每天虽然大致相同，但笔者并不感到单调乏味，却感到过得很充实，活得有滋有味，精力充沛，每天都有使不完的劲，办不完的事摆在面前，在健康路上，还有一段很长的路，笔者有信心、有能力走下去。

人过中年以后，体质开始逐渐下降，功能减退。由无病到有病，从小病到大病，最后到生命结束，这是大自然不可抗拒的规律，谁也逃避不了。为了对自己的身体状况有个彻底了解和掌握，对疾病早发现，早诊断，早治疗，防患于未然，每年须到医院检查一次，平时感到身体有些异常、不舒适，要及时到医院找有关大夫诊断一下身体是否正常，这很重要。

平常该服药就服药，该治疗就治疗；管住嘴，迈开腿，勤动脑，多思考，遇事想得开，坦然处置，往往就能从亚健康状态走上健康之路。正如中医专家孙本新老先生说的那样，“我命在己不在天，欢欢乐乐过百年”。

后 记

——养生保健贵在有恒

俗话说得好，冰冻三尺非一日之寒，滴水穿石非一日之功。只要功夫深，铁杵磨成针。坚持锻炼，乃是健康的一种储蓄。锻炼一次，就好一点。锻炼须讲究方法、实效，但即使功法再好，若是“三天打鱼，两天晒网”，不长期坚持，也成不了真功夫，得不到理想效果。如，自我保健按摩就是这种情况，一按摩往往就见效，一间断就差多了，甚至半途而费，前功尽弃。

有耕耘就有收获。笔者在锻炼方面，冬不畏惧严寒，夏不怕酷暑，早晨出去几乎天天练，到目前已经 35 年以上了。如今我已是八十多岁的老人了，但还没有老的感觉。耳不聋，眼不花，头脑清醒，两眼有神，精力充沛，关节灵活，无任何行动障碍。面色红润，没有多少皱纹。生人见到，都说我很年轻（起码比实际年轻十几岁）。熟人总说我不见老，那套功法练得真好。我也觉得同 30 年前相比，各方面好像没差多少。若从精、气、神方面讲，反而比中年时期强了，这就是幸福。

中年时期，我身体瘦弱，体重只有九十多斤。总觉得头晕、疲惫、失眠，头脑不清醒，精神不振，工作效率不高。患过慢性胃炎、消化不良、颈椎病、神经衰弱、关节炎，慢性鼻炎、乙肝、混合痔疮、支气管炎等许多慢性病。

经过这么多年锻炼，正气战胜了邪气，患过的颈椎病、神经衰弱失眠、慢性鼻炎、胃炎、慢性肝炎、关节炎都痊愈了。痔疮、气管炎也好多了。尤其是慢性肝炎、慢性鼻炎，这些顽症，未经过治疗、未服过任何药也痊愈了，我太万幸了。在此，我想多说几句关于患上慢性肝炎的问题。至今我还记得，那是在 1990 年 5 月 13 日体检发现的（体内抗原体有三项阳性），到唐山传染病院进一步检查确定为大三阳（乙肝病毒终身携带者）。大夫说这种病很顽固，病菌在肝脏内，外部有层保护膜，药力渗透进不去、杀不死病菌，当时大夫就说无法根治，建议我最好是每隔 3 个月检查一次肝功能有否变化，只要是肝功能正常，也不会有生命危险，不必多虑，所以我一直也没有服任何药和医治过。

从发现这种顽症到 1995 年，在 5 年当中，我到过唐山大小医院，肝病检测治疗中心，反复多次化验检查，由原来抗原三项阳性，转为两项阳性、一项阳性，直到全部转为阴性。从全部转阴以后，仍然化验检查过几年，还都是阴性，没有阳性，确实是痊愈了。

还有个问题，至今我还不明白，到底是怎么回事。即，我于 2009 年 3 月 24 日患过一次重感冒（体温高达 41℃度）经过住院详细检查，发现在右肺叶下部有个“小肿瘤”，医院诊断说，是恶性或是良性，须要在上面切片化验才能下结论。为此，到北京解放军总医院找肿瘤专家，想问个明白，专家说，你应该将它切掉，以免后患。我问专家，难道就没有别的什么办法治疗了？专家说得很干脆，那你就自己决定吧。

自发现那个小肿瘤开始，每隔 3 个月就去医院做一次 CT 胸部拍片检查，直到 2011 年 12 月，那个“小肿瘤”大小还是那么大，没有任何变化。据有关大夫说，从发现到一年之后，若没有变化，就没事。不必担心多虑了。这也许是我长期坚持练缓慢腹部深呼吸、有氧运动的结果，正气战胜了邪气，才扼住了肿瘤的生长了吧?!

最近这十几年，单位每年都给我们做一次体检。每次体检结果，我的肝、胆、胰、脾、肺、胃、肾、心、脑、消化、呼吸系统、血流变等项指标都正常。

自几十年以前到现在，能保持健康，体质有这么大变化可以证实，养生保健贵在有恒。我若是不长期坚持锻炼，以前那些慢性病是不会好的，甚至有的可能已经发展到相当严重的程度了。唯有锻炼才能增强体质，提高免疫力。这种改变，即使是用多大代价，花多少钱也买不来的！

健康就是福，健康才是人生的宝贵财富。健康是1，后面都是“0”。有健康，就会有一切，没有健康就会失去一切，这些话说得都不错。尤其是老年人，应该认识到，家有楼房、金钱万贯已不是你的了，只有健康才真正是你的。所以应该倍加珍惜健康，爱护身体，加强锻炼，争取多活几年，多享受现代美好生活，才是最重要的事。

对中年人来讲，应该按老子说的那么做，人生的最高追求应该是健康，而不是对名利财物的疯狂占有，过分地追求名利地位、物质财富，欲望过多，那只会消耗大量精力，对生命有百害而无裨益。

我在多年锻炼、学习、感悟中认识到，“求医不如求己”，相信别人不如相信自己，靠别人不如靠自己。

锻炼应该根据本身需要，因人而异，摸索出一套切实可行的练法来。循序渐进，长期坚持下去，健康状况往往就能掌握在自己手里，使体质由弱变强，提高生活质量，延长寿命。

人各有志，穿衣戴帽，各有所爱好。每个人有每个人不同的理想和追求。人们生活习惯、爱好不同，各抒己见。但有一点，切应牢记、不应忽视，千万别等到患病以后，用何法治疗也无效，已发展到相当严重程度，甚至危及到生命时才下决心如何如何，到那时岂不悔之莫及矣！

人的一生，在历史长河中不过是一瞬间，不知不觉几十年就过了。在有生之年，应该活得轻松愉快，光明磊落，以行善为本，对人、对社会做点有益之事。可我已是八十多岁老人了，为社会还能做点什么有益之事呢？思来想去，还是把自己所知道的有关健康知识、锻炼经验，总结起来，介绍给别人，留给后人吧。

王成喜

图书在版编目(CIP)数据

健康锻养精髓／王成喜著．–北京：人民体育出版社，2016
ISBN 978-7-5009-4924-4

Ⅰ.①健… Ⅱ.①王… Ⅲ.①体育锻炼 Ⅳ.①G806

中国版本图书馆 CIP 数据核字(2016)第 018972 号

*

人民体育出版社出版发行
三河兴达印务有限公司印刷
新 华 书 店 经 销

*

850×1168 32 开本 3.5 印张 65 千字
2016 年 10 月第 1 版 2016 年 10 月第 1 次印刷
印数：1—3,500 册

*

ISBN 978-7-5009-4924-4
定价：15.00 元

社址：北京市东城区体育馆路 8 号（天坛公园东门）
电话：67151482（发行部） 邮编：100061
传真：67151483 邮购：67118491
网址：www.sportspublish.com
（购买本社图书，如遇有缺损页可与邮购部联系）